Herbert Mayr

Harz

pietsch

Einbandgestaltung: Birgit Karrasch

Das Titelbild wurde freundlicherweise zur Verfügung gestellt von Frank Klose.

Abbildungsnachweis: Die Fotos stammen aus dem Bildarchiv des Autors.
Sämtliche Skizzen im Buch wurden vom Autor eigens für diesen Band angefertigt.
Die farbige Übersichtskarte erstellte KARTOGRAPHIE Peh/Schefcik.

Die Ratschläge in diesem Buch sind von Autor und Verlag sorgfältig erwogen und geprüft, dennoch kann eine Garantie nicht übernommen werden. Eine Haftung des Autors bzw. des Verlages und seiner Beauftragten für Personen-, Sach- und Vermögensschäden ist ausgeschlossen.

ISBN 3-613-50258-5

1. Auflage 1996

Satz: Birgit Karrasch
Druck: Rung-Druck, 73033 Göppingen
Bindung: Heinrich Koch, 72072 Tübingen
Printed in Germany

Inhalt

Vorwort

Der Harz, ein respektables und geologisch reich strukturiertes Mittelgebirge aus dem Erdaltertum, die nördlichste deutsche Bergwelt, rings von sanftem Hügelland umgeben. Land der Hexen- und Teufelslegenden. Von jeher eines der beliebtesten deutschen Ausflugsgebiete, hat der Harz nach dem Fall der deutsch-deutschen Grenze, die vormals quer durch die Mitte dieser Gebirgslandschaft schnitt, noch an Attraktivität gewonnen. Politisch betrachtet gehört die Region im Westen zum Bundesland Niedersachsen, im Osten zu Sachsen-Anhalt und im mittleren Süden, zum kleinsten Teil, zu Thüringen.

Das Gebirge diente früher deutschen Königen als Revier für Großwildjagden. Bedingt durch einen regen Bergbau, konnten bereits im frühen Mittelalter Ansiedlungen im Harz entstehen, reiche Städte entwickelten sich besonders durch das abgebaute Silber. Heute liegen die meisten Gruben still, der Fremdenverkehr nimmt nun die Stelle des größten Arbeitgebers der Region ein. Neben der 1000jährigen Geschichte des Bergbaus blickt das Land aber auch auf eine ebenso alte kaiserliche Geschichte zurück.

Besucher von Rang und Namen brachten dem Harz stets reges Interesse entgegen. Schriftsteller wie Novalis, von Kleist, von Eichendorff, Heine, Löns, Fontane oder Andersen ließen sich von den Schönheiten der Natur inspirieren. Sogar in Goethes »Faust« ist von den Erlebnissen einer Brockenbesteigung zu lesen. Naturforscher fanden hier immer schon ein reiches Betätigungsfeld vor, und Mineraliensammler aus aller Welt gehen begeistert auf die Suche nach den begehrten, funkelnden Kristallen.

Der Harz ist eine bedeutende Naturlandschaft für eine große Zahl Erholungsuchender, sommers wie winters, mit einer vielfältigen Pflanzen- und Tierwelt. Sagenumwobene Täler mit romantischen Flußläufen schneiden sich tief in das von ausgedehnten und einsamen Wäldern sowie moorigen Hochflächen überzogene Gebirge, geschmückt von eigenartig verwitterten Granitklippen.

Seen und Badetümpel laden immer wieder zu einer erfrischenden Fahrtunterbrechung. Talsperren erfreuen den Freizeitsportler auf dem umweltfreundlichen Untersatz mit landschaftlich reizvollen und einsamen Uferwegen. Sie bannen aber auch im Frühjahr die Hochwasser und stellen die Trinkwasserversorgung und die Energiegewinnung für große Gebiete Norddeutschlands sicher.

Das südliche Harzvorland schließlich fesselt den Hobbyradler mit beachtenswerten Karsterscheinungen: geheimnisvolle Höhlen und leuchtende Gipsfel-

sen, Erdfälle und Bachschwinden. Prachtvolles mittelalterliches Fachwerk, Schlösser und Burgen, Schaubergwerke und Museen entführen den Pedalfreund nicht zuletzt in die touristenfreundlichen, oft noch unverfälschten Städte und Dörfer.

Bei all dem Lobgesang soll nicht verschwiegen werden, daß sich viele der Sehenswürdigkeiten nur mit einem gewissen Maß an Motivation und im Schweiße des Angesichts »erobern« lassen, dies liegt nun mal an der Gestaltung dieses Gebirges. Besucher ohne jegliches Vortraining tasten sich vielleicht erst mal auf den vorgeschlagenen Routen rund um die Hochlagen langsam an die schwereren Touren heran. Wer mit einem Mountain Bike reist, wird die Vorteile dieses hochgetrimmten Speichen-Untersatzes bald zu schätzen wissen, viele vormals gefürchteten Steigungen sind dann kein Thema mehr.

In den Höhenlagen des Harzes greift beängstigend rasant der Waldtod um sich. Skelettwald ziert die Gipfelflur. Längst kein Thema mehr, über das man zu streiten braucht. Der wachsende motorisierte Massentourismus stellt die Gemeinden, Tourismusverbände und Naturschützer seit der Wende vor Probleme, die nicht auf die leichte Schulter zu nehmen sind. Mit ein Grund, verstärkt aufs Rad umzusteigen und nicht gedankenlos sein Auto bis zum hoffnungslos übervölkerten Gipfelparkplatz hochzuschinden. In diesem Sinne ist es das besondere Anliegen dieses Radführers neben Routenvorschlägen zu beliebten Ausflugszielen auch auf kaum bekannte, Entdeckerfreundliche Gebiete im und um den Harz aufmerksam zu machen.

Beim Studieren der Übersichtskarte zu Beginn des Farbteils haben Sie natürlich längst entdeckt, daß das Buch weit mehr als 30 Touren anbietet. Das vernetzte Routenangebot ermöglicht eine Menge faszinierender Kombinationstouren, für ein paar Stunden, für einen ausgedehnten Tag oder gar für eine mehrere hundert Kilometer lange Urlaubsreise. Auch komplette Durchquerungen des gesamten Gebirges sind möglich. Wo immer Sie von einer Tour zur anderen wechseln möchten, finden Sie bei den Routen-Infos unter der Rubrik »Anschlußtouren« exakte Hinweise.

Von A bis Z: Radwandern im Harz

Anreise mit der Bahn

Entweder können die Startpunkte zu den einzelnen Routen direkt mit der Bahn erreicht werden oder es sind die erforderlichen Zusatzkilometer ab der nächstgelegenen Bahnstation angegeben. Wegen des Fahrradtransportes mit der Bahn informiere man sich rechtzeitig vor Beginn der Reise bei der zuständigen Bahnhofs-Information, oder man besorge sich das amtliche Kursbuch.
Nach neuesten Mitteilungen der Deutschen Bundesbahn können gesundheits- und umweltbewußte Verkehrsteilnehmer ihr Rad in allen Zügen im Rahmen des verfügbaren Laderaums mitnehmen, die im Fahrplan mit dem Fahrradsymbol gekennzeichnet sind. Voraussetzung ist dabei, so heißt es in den Richtlinien der Bundesbahn, daß man das Rad selbst ein-, um- und auslädt und eine Fahrkarte gelöst hat. Im Fernverkehr kostet die Fahrradkarte zur Zeit für alle Entfernungen bei der Bundesbahn 8,60 Mark und 6,00 Mark bei der Reichsbahn. Für Reisegruppen ab sechs Personen gewährt die Bahn Ermäßigungen.
In allen Fernverkehrszügen ist für die Fahrradmitnahme eine Platzreservierung erforderlich. Nur wenn das Zugpersonal noch freie Stellplätze bestätigt, darf man sein Zweirad auch ohne Platzreservierung einladen. Dann allerdings wird neben der Fahrradkarte noch eine zusätzliche Gebühr von 8,60 Mark fällig.
In Nahverkehrszügen bis zu einer Entfernung von 100 km kostet die Fahrradkarte bei der Bundesbahn 5,40 Mark, bei der Reichsbahn 4,00 Mark. Seit dem Sommerfahrplan 1993 führen alle InterRegio-Züge einen eigenen Wagen mit Fahrradabteil mit, in dem acht Fahrräder Platz finden. Auch die nostalgischen Harzbahnen transportieren Fahrräder im Rahmen des verfügbaren Laderaums.

Ein Tip, der für jede Zugverbindung Gültigkeit hat: Zerlegt und in eine Radtasche verpackt, kann der Untersatz auch als Handgepäck mit ins Abteil genommen werden.

Ausrüstung

Fahrrad: Alle vorliegenden Routen sind grundsätzlich auch ohne Trekkingrad oder Mountain-Bike zu bewältigen. In einem stattlichen Mittelgebirge wie dem Harz läßt es sich allerdings im Sitzleder eines leichtgewichtigen und großzügig übersetzten Bikes deutlich beschwingter kurbeln als im Sattel eines schweren Hollandrades. Nicht nur auf steilen und manchmal holperigen Forstwegen und Schlaglochpisten sprechen die Robustheit und vor allem die Verkehrssicherheit – beispielsweise durch wirksamere Bremsen – für ein Bergrad. Auch auf öffentlichen, im östlichen Teil des Harzes gelegentlich recht welligen und oft ausgebesserten Straßen mit teilweise respekteinflößenden Abfahrten ist das Sicherheitsgefühl auf einem Mountain Bike unschlagbar.

Rucksack: Pedalwanderer, deren Aufmerksamkeit neben der Radroute auch noch manchen der Sehenswürdigkeiten abseits der befahrbaren Wege gilt, schätzen einen kleinen Tasgesrucksack für Erkundigungen zu Fuß. Neuzeitliche Rucksäcke sind leicht, funktionell und lassen zwischen der Polsterung Luftkanäle frei für die Belüftung des Rückens. Auf Holperstrecken erweist sich ein Hüftgurt als sinnvoll.

Helm: Das Tragen eines Radhelms ist sowohl im Straßenverkehr wie auch auf Rad- und Wirtschaftswegen eine vernünftige Sache. Im Falle eines Falles vermag ein Radhelm zumindest vor den schlimmsten Unfallfolgen zu bewahren. Moderne Helme zeichnen sich durch ein überraschendes Leichtgewicht und zudem modische Eleganz aus. Wichtig beim Kauf eines Hartschalenhelms ist die Beachtung der perfekten Paßform, die durch exakte Anpassung der Klett-Einlagen und des Riemensystems erreicht wird sowie neben einer ausreichenden Belüftung die angegebene ANSI-Norm. Sturzringe und billige Plastikhelme sind ein reiner Modegag.

Fahrradverleih

Bei zahlreichen Bahnhöfen der Bundesbahn sowie der Deutschen Reichsbahn können vom 1. April bis 31. Oktober Fahrräder entliehen werden. Vorraussetzung für eine ermäßigte Leihgebühr ist im Bereich der Bundesbahn ein Fahrausweis im Mindestwert von 16 Mark (Kinder 8 Mark). Dieser Fahrausweis ist nicht nötig im Bereich der Reichsbahn. Leider vermieten die meisten Stationen nur Räder ohne Schaltung beziehungsweise mit Dreigang-Schaltung (8 Mark pro Kalendertag, Nichtbahnfahrer 12 Mark). Es empfiehlt sich eine Voranmeldung sowie eine Erkundigung nach den Öffnungszeiten der betreffenden Bahnstation. Die Rückgabe des Fahrrades erfolgt in der Regel beim Vermietbahnhof. Eine Liste aller Vermietbahnhöfe ist zusammen mit einer Übersichtskarte und den jeweiligen Öffnungszeiten im Prospekt »Fahrrad am Bahnhof« aufgeführt.

Dieser ist erhältlich bei der:
Zentrale der DB
Bereich Kommunikation
Friedrich-Ebert-Anlage 43-45
60327 Frankfurt am Main

Information

- Erste Anlaufstelle für Informationen über den Harz ist der:
  Harzer Verkehrsverband
  Marktstraße 45 (Gildehaus)
  38640 Goslar
  Tel. (05321) 20031

- Informationen über die östlichen Harzgebiete bekommt man außerdem beim:
  - Landesfremdenverkehrsverband Sachsen-Anhalt
    Trothaer Straße 9h
    06118 Halle
    Tel. (0345) 340086
  - Thüringer Landesfremdenverkehrsverband
    PSF 219
    99005 Erfurt
    Tel. (0361) 602234

- Für den Kyffhäuser erteilt zusätzlich Auskunft:
  Kyffhäuser Fremdenverkehrsverband
  Anger 14
  06567 Bad Frankenhausen
  Tel. (034671) 3037, 3186

- Informationen über die Harzwanderwege und Freizeiteinrichtungen erteilt der:
  Harzklub e. V.
  Bahnhofstraße 5a
  38678 Clausthal-Zellerfeld

Kartenmaterial

Das radlerfreundliche Bundesland Niedersachsen verfügt über ein geschlossen vorliegendes Radwander-Kartenwerk im Maßstab 1:75.000. Herausgeber ist das Niedersächsische Landesverwaltungsamt. Bei der rückseitig mit allerlei Wissenswertem bedruckten Kartenserie handelt es sich um eine Vergrößerung der Topographischen Karte 1:100.000.
Das Nonplusultra dieser Radkarte – das Blatt RC 4526 Goslar deckt den gesamten Westteil des Harzes ab – ist die beispielhafte Klassifizierung der Radwege in: Radwanderrouten auf land- und forstwirtschaftlichen Wegen und auf besonderen Radwanderwegen, Radwanderrouten und sonstige Radwege neben öffentlichen Straßen auf getrennten Radwegen, empfohlene Radwanderrouten auf öffentlichen Straßen ohne Radwege. Hinzu kommen gekennzeichnete, schlechte Wegstrecken, teils mit unterschiedlichen Steigungsangaben. Das Kartenblatt weist hin auf Campingplätze, Jugendherbergen, Unterstandshütten, Rastplätze, Bademöglichkeiten, Touristikinformationen sowie unzählige Sehenswürdigkeiten. Preis: 8.80 Mark.

Den Mittleren Harz deckt eine ausgezeichnete Wanderkarte im Maßstab 1: 50.000 ab, ebenfalls herausgegeben vom Niedersächsischen Verwaltungsamt. Preis: 8.80 Mark.
Für den Unterharz fehlen bislang gebietsbezogene Wander- oder Radkarten, verständlich, nachdem es dort auch kaum Radwege gibt.

Die Regionalkarte 16 »Der Oberharz und seine Randlandschaften«, im Maßstab 1:100.000, deckt bis auf einen schmalen Streifen östlich einer Linie Quedlinburg - Harzgerode den gesamten Harz ab und leistet für Radreisen, besonders auch für leichte Touren im Harzvorland, gute Dienste. Auch diese Karte ist beim Niedersächsischen Landesverwaltungsamt zu beziehen. Preis: 10.80 Mark.

Als Übersichtskarte ist außerdem zu empfehlen: das Blatt 12 der ADFC-Radtourenkarte im Maßstab 1:150.000, »Harz - Leinetal«. Preis: DM 12.80.

Der gesamte Harz, allerdings mit sehr beschränkten Gebieten des nördlichen und südlichen Vorlandes wird mit der stets aktualisierten »Freizeitkarte mit Rad- und Wanderwegen – Der ganze Harz« im Maßstab 1:50.000 abgedeckt. Das Blatt ist erhältlich beim Touring Kartendienst in Goslar sowie in allen Buchläden im Harz.
Ein Verzeichnis mit allen amtlichen Karten Niedersachsens in den verschiedenen Maßstäben und Ausführungen erhält man bei:
Niedersächsisches
Landesverwaltungsamt
Landesvermessung
Warmbüchenkamp 2
30159 Hannover
Tel.: (0511) 3673-288

Literatur

- Hanle, Adolf (Herausgeber): Meyers Naturführer Harz. Mannheim 1992.
- Hartung, Ulrich: Rund um den Harz, 33 Wanderungen und Ausflüge. Berlin 1993.
- Lindemeier, Andreas: Harzreisen, Wander- und Reiseführer Ostharz. Hannover 1991.
- Nowak, Claus: Der Ostharz, Von Wernigerode zum Kyffhäuser. Bielefeld 1990.

Von Herbert Mayr sind beim Pietsch Verlag außerdem erschienen:

- Fahrrad-Reisen – Schwäbische Alb und Donautal, Stuttgart 1993.
- Fahrrad-Reisen – Lüneburger Heide, Stuttgart 1995.
- Rad aktiv – Allgäu, Stuttgart 1996.
- Mountain-Bike-Touren – Wildes Norwegen, Stuttgart 1993.
- Erlebnis Fernwandern – Norwegen, Stuttgart 1993.
- Erlebnis Fernwandern – Schweden, Stuttgart 1995.

Mit Kindern unterwegs

Die von allen Seiten beachtlichen Höhenunterschiede lassen den Harz nicht gerade als ausgesprochen kinderfreundliche Radlandschaft gelten.

Die meisten Vorschläge richten sich, bedingt durch ihre Länge und die kraftfordernden Anstiege, außer an Erwachsene vor allem an größere Kinder und radbegeisterte Jugendliche mit Ausdauer. Ganz besonders für die Begleitung kleinerer Schulkinder, wohlgemerkt etwas Übung vorausgesetzt, eignen sich die Routen 4, 5, 18, 19, 20, 25 und 29.
Ob die kleinen Pedalkünstler mit Begeisterung ans Strampeln gehen werden, liegt sowohl am Einfühlungsvermögen der Eltern als auch an der Art der Übersetzung. Eine ätzende Dreigangschaltung wie zu Ur-Opas Zeiten ist vielleicht im Harzvorland gerade noch ausreichend, in den Harzbergen selbst jedoch eindeutig eine Zumutung für die kurzen Beine. Ein tolles Bike mit zuverlässigen Cantilever-Bremsen, bulligen Stollenreifen, die dem steinigen Forstweg die kühle Schulter zeigen, und einer technisch perfekten 21-Gang-Rasterschaltung lassen dagegen das richtige Feeling aufkommen. Wichtig ist es auch, die eifrigen Kurbelfans von Anfang an mit dem Tragen eines Fahrradhelms anzufreunden.

Reisezeit

Wegen ihres großen Anstiegs aus dem Nördlichen Harzvorland sind der Oberharz und der Mittlere Harz mit ihren niedrigen Jahresmitteltemperaturen besonders in den Hochlagen mit Niederschlägen (bis über 1500 mm) und Nebel reich gesegnet. Am verregnetsten ist das Gebiet um den Brocken. Die Moore verdeutlichen den Regenreichtum.
Der Radwanderer darf jedoch beruhigt sein, der Hauptteil der Niederschläge trifft auf die kalte Jahreszeit. Nicht umsonst ist dieses Gebirge ein beliebtes Wintersportgebiet. Der Unterharz verzeichnet dagegen nicht mal die Hälfte der Regenmengen des Oberharzes. Der äußerste Osten weist mit knapp 600 mm gar kontinentales Klima auf, und das Harzvorland, abgesehen vom westlichen Anteil, gilt sogar als relativ trockenes Gebiet.
Wegen des Schneereichtums können als Reisezeit die Monate Mai bis Oktober empfohlen werden. Im April ist in manchen schattenreichen Tälern noch mit Schnee- und heimtückischen Eisresten zu rechnen, zudem ist das Wetter in diesem Monat meist noch wenig stabil. Im verhältnismäßig niedrigen und schneearmen Harzvorland kann man an warmen Wintertagen durchaus mal einen Ausflug wagen. Für leidenschaftliche Pedaleure dauert die Radsaison hier zwölf Monate.

Straßen und Wege

Der überwiegende Routenverlauf der vorgeschlagenen Touren verwendet verkehrsarme Nebenstraßen sowie Rad-, Wirtschafts- und Forstwege. In manchen hochgelegenen Gebieten fehlen leider Nebenstraßen ebenso wie auch empfehlenswerte Forstwege. Bundesstraßen sind dann die einzige Möglichkeit, bestimmte Lückenschlüsse einer Rundtour vorzunehmen. Ein früher Aufbruch ist für die entsprechenden Radausflüge besonders an Sonntagen sehr zu empfehlen. Detaillierte Angaben hierzu finden sie jeweils unter der Rubrik »Charakter« bei den einzelnen Tourenvorschlägen. Auf der B 4 Bad Harzburg - Braunlage verkehrt darüber hinaus ein Fahrradbus.

Der Zustand mancher öffentlicher Straßen ist im östlichen Teil des Harzes insbesondere für schmalspurbereifte Radsportler gebietsweise etwas gewöhnungsbedürftig. Manche Fahrbahnen sind so oft geflickt, daß die Originaldecke gar nicht mehr erkennbar ist. Ein bißchen Reifendruck ablassen kann in diesem Falle wahre Wunder wirken. Auch ist besonders auf unübersichtlichen Gefällstrecken erhöhte Aufmerksamkeit angesagt. Im Zuge des heute regen Straßenausbaues verschwinden diese Holperstrecken jedoch immer mehr.

Die ungeteerten Abschnitte im Bundesland Niedersachsen, in der Regel trockene und feingeschotterte Wege, sind weitgehend in hervorragendem Zustand und mit jedem »normalen« Fahrrad zu meistern. Anders sieht es auf den Forst- und Wirtschaftswegen, ja sogar auf manchen für den öffentlichen Kraftfahrzeugverkehr freigegebenen Natursträßchen Sachsen-Anhalts und Thüringens aus. Da gibt es Schlaglochpisten, die eher einem Schweizerkäse ähneln als einem Verkehrsweg. Wer sich damit anfreunden kann und in aller Ruhe ans Werk geht, der mag vielleicht gar ein neues Hobby entdecken. Schließlich schult das spannende und hochkonzentrierte Dauerlenkmanöver die Geschicklichkeit.

Nach Regengüssen tragen diese Wasserlachen-Safaris bei Radgruppen, vor allem aber unter den jüngeren Mitstreitern, stets zur allgemeinen Belustigung bei. Wieder andere Routen zeigen ihre Zähne durch eine grob steinige Rollbahn, der ganz besonders talwärts nur mit größtem Respekt und absoluter Gelassenheit zu begegnen ist.

Steigungen gehören im Harz zum Radeln wie die Hexen auf den Brocken. Keine der vorliegenden Unternehmungen ist ganz frei von Anstiegen. Dennoch werden Sie vor allem unter den Touren im Harzvorland manche erlebnisreiche Fahrt entdecken, die bequem mit der ganzen Familie zu bewältigen ist.

Umweltschutz

Die »Gesetzestexte und Ausführungsbestimmungen zum Betreten der freien Landschaft« des Niedersächsischen Ministeriums für Ernährung, Landwirtschaft und Forsten regelt, welche Art von Wegen der Radwanderer im Westteil des Harzes guten Gewissens benützen darf, ohne die gebietsweise zahlreichen Wanderer oder die Natur zu stören. Um die Interessengegensätze zwischen Grundstückseigentümern, Sportlern, Wanderern, Jägern, Sportfischern, Reitern und anderen Gruppen zufriedenstellend aufeinander abstimmen zu können, sollte jeder, der sich in der freien Natur aufhält, die geltenden Vorschriften beherzigen.

Das Gesetz über die Ordnung in Feld und Forst vom 30. August 1984 richtet sich gesondert auch an den Radfahrer. In § 2 Abs. 1 heißt es:
»Auf Wegen in der freien Landschaft, die keine öffentlichen Straßen im Sinne des Straßenrechts sind, darf mit Fahrrädern ohne Motorkraft und mit Krankenfahrstühlen gefahren werden.«
In einem Runderlaß des Ministeriums vom 28. Juni 1989 fallen unter den Begriff »Wege« im Sinne des FFOG (Feld- und Forstordnungsgesetz) nicht:
- Fuß- und Pirschpfade,
- Holzrückelinien,
- Gestelle/Abteilungslinien,
- Grabenränder,
- Feld- und Wiesenraine,
- durch Skiloipen verursachte Spuren nach Wegtauen des Schnees.

In § 4 heißt es dazu:
»Wer von den Rechten nach den § 1 und 2 Gebrauch macht, handelt auf eigene Gefahr. Er darf Eigentümer und Besitzer der benutzten Grundstücke und der Nachbargrundstücke und andere Benutzer nicht schädigen, gefährden oder belästigen. Fußgänger haben Vorrecht vor Radfahrern...«

Da wir als naturbegeisterte Radfahrer auch gelegentlich die freie Landschaft zu Fuß betreten, gilt es darüber hinaus § 1 zu beachten, in welchem darauf hingewiesen wird, daß unter das freie Betretungsrecht von Wald und Flur nicht fallen:
- Forstkulturen, Forstdickungen, Pflanz- und Saatkämpe sowie Flächen, auf denen Holz eingeschlagen wird,
- Äcker in der Zeit vom Beginn ihrer Bestellung bis zum Ende der Ernte,
- Wiesen und Weiden während der Aufwuchs- oder Weidezeit.

Das Zelten in der freien Natur ist generell verboten. Ebenfalls untersagt ist es, in der Zeit vom 1. März bis zum 31. Oktober in einem Wald, einem Moor oder einer Heide oder in gefährlicher Nähe davon, offenes Feuer zu entfachen und zu rauchen.

In den östlichen Gebieten des Harzes, die mit Ausnahme des südlichen Unterharzes zum Bundesland Sachsen-Anhalt zählen, wird das Befahren des Waldes und der offenen Landschaft durch die Landesnaturschutzgesetze sowie durch Feld- und Forstordnungsgesetze geregelt. Allgemein dürfen alle Wege mit einer Mindestbreite von 1,5 m offiziell von Radfahrern benützt werden. Darüber hinaus gibt es in den Richtlinien für Radfahrer und Wanderer keine gravierenden Unterschiede zu den niedersächsischen Bestimmungen. Ausnahmeregelungen betreffen das bereits touristisch strapazierte Gebiet im Nationalpark Hochharz.

Grundsätzlich ist das individuelle Radfahren im Nationalpark gestattet. Dennoch gibt es gewisse Einschränkungen. So dürfen beispielsweise nur breite, öffentlich ausgeschilderte Wald- und Forstwege benützt werden. Auf schmalen (auch öffentlichen) Waldwegen ist gemäß der Nationalparkverwaltung Hochharz mit Sitz in Wernigerode das Radfahren nicht gestattet, um die sensible Naturausstattung im Gebiet des Hochharzes zu schonen und um Wanderer nicht zu gefährden. Zusätzlich zu derartigen Wanderwegen dürfen der Rundwanderweg auf dem Brocken sowie der Neue Goetheweg nicht befahren werden. Weitere Reglementierungen für Radler aber auch Wanderer sind für die Zukunft nicht auszuschließen.

Der Radwanderer sollte sich generell, besonders aber im Nationalpark Hochharz sowie in anderen Schutzzonen und empfindlichen Landschaftsbereichen an das Wegegebot halten. Gerade die in der Regel umweltbewußten Mountain-Bike-Fahrer mögen daran denken, daß Querfeldeinfahrten auf den besonders empfindlichen Moorböden Erosionsschäden hinterlassen, die lange nicht heilen.

Zum Thema Abfall gilt es zu bemerken, daß gerade für uns Radfahrer der Transport von Abfallprodukten besonders einfach ist. Nur kurz sind die Wege bis ins nächste Dorf, wo wir in der Regel bereitgestellte Abfallkörbe und Container vorfinden.

Tour 29
Roßla
Helme
Kelbra
our 28
473 m
Kulpenberg

Die Touren

Riethnordhausen
Tilleda
äuser-Denkmal
Ichstedt
ffhäuser
Esperstedt

Tour 1: Vom Granestausee zum Innerstestausee

INFOS

Charakter: *Die einsamen Waldbuchten der Seen und die prächtige Hahnenkleer Stabkirche verleihen dieser sportlichen Runde im nordwestlichen Oberharz einen Hauch von Norwegen. Überwiegend Forstwege, auch mäßig stark befahrene Straße; eine lange und anstrengende Auffahrt sowie mehrere kleine Anstiege, rassige Talfahrt. Ein bißchen Orientierungssinn vorteilhaft.*

Länge: *40 km.*

Fahrzeit: *4 Stunden.*

Ausgangspunkt: *Langelsheim, an der Nordwestecke des Harzes.*

Höhe des Ausgangspunktes: *210 m.*

Routenverlauf: *Langelsheim – Wolfshagen (2 km) – Herzog Juliushütte (4 km) – Hahnenklee (15 km) – Lautenthal (7 km) – Langelsheim (12 km).*

Höchster Punkt: *600 m.*

Höhenunterschied: *390 m.*

Konditionelle Anforderungen: *schwer.*

Anschlußtouren: *In Langelsheim Tour 3, in Hahnenklee Tour 2, in Lautenthal Tour 14.*

Karte: *Radwanderkarte des Niedersächsischen Landesverwaltungsamtes, 1:75.000, Blatt RC4526 Goslar.*

Wir schwingen uns am Bahnhof in *Langelsheim* ins Sitzleder und rollen durch die Bahnunterführung. Der Radweg Richtung Lautenthal trägt uns nach *Wolfshagen*. Dort geht's gleich beim Ortsschild links ab auf einen Forstweg und, den Wanderwegweiser »Goslar« beachtend, am Fuß des Westerbergs entlang. Im Ort *Herzog Juliushütte* steuern wir hinunter zum Bahngleis, halten uns nach der Bachbrücke rechts bergan und wählen die Straße »Im Granetal«. An der nächsten Abzweigung lenken wir links auf den geteerten Forstweg und kurbeln an der darauffolgenden Gabelung auf dem Teersträßchen hinauf zum abseits jeglichen Verkehrs gelegenen Granestausee.
Das Symbol »radelnde Hexe« weist uns auf den Radweg »R 1« am Seeufer entlang. In leichtem Auf und Ab kurven wir um die waldreichen Seebuchten zur Kartentafel »Sperre«. Dort queren wir den Granebach und folgen Richtung Wolfshagen weiterhin der nun ungeteerten Süduferstraße.
Der herrliche Einsamkeitstrip führt uns um den Lütjenberg herum und mit einer erfrischenden Abfahrt zu einer spitzförmigen Bucht mit Ruhebank und einer weiteren Karten-

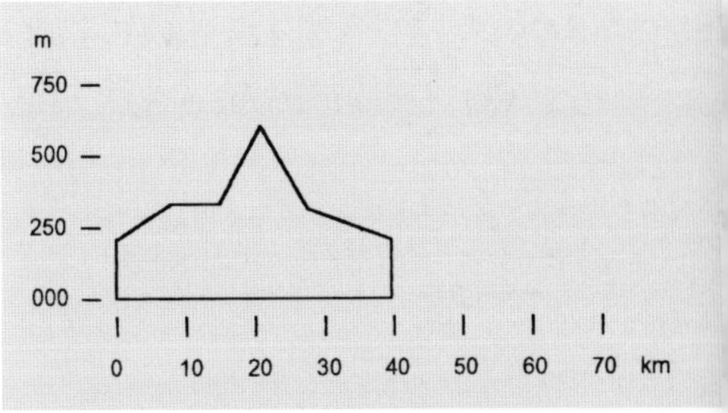

tafel. Dort verlassen wir den Stausee und haben auf dem mittelsteilen Bergkurs den Wiehnbach als Begleiter. Am Kreuzotter-Schutzgebiet wechseln wir das Bachufer. Nun folgt ein etwas steiniger Abschnitt. An der nächsten Gabelung lenken wir rechts und bekommen die anhaltende Steigung ordentlich zu spüren. Von der Kreuzung beim Distelplatz, einem einladenden Rastplatz mit murmelndem Quellbächlein, nehmen wir die Hahnenkleer Bergstraße und steuern unsere Untersätze an der kommenden Gabelung rechts zum Oberförster-Müller-Denkmal. Durch die Kastanienallee legt sich die Steigung der Bergstraße zurück. An der Verzweigung, wo der Waldschadens-Lehrpfad beginnt, haben wir mit

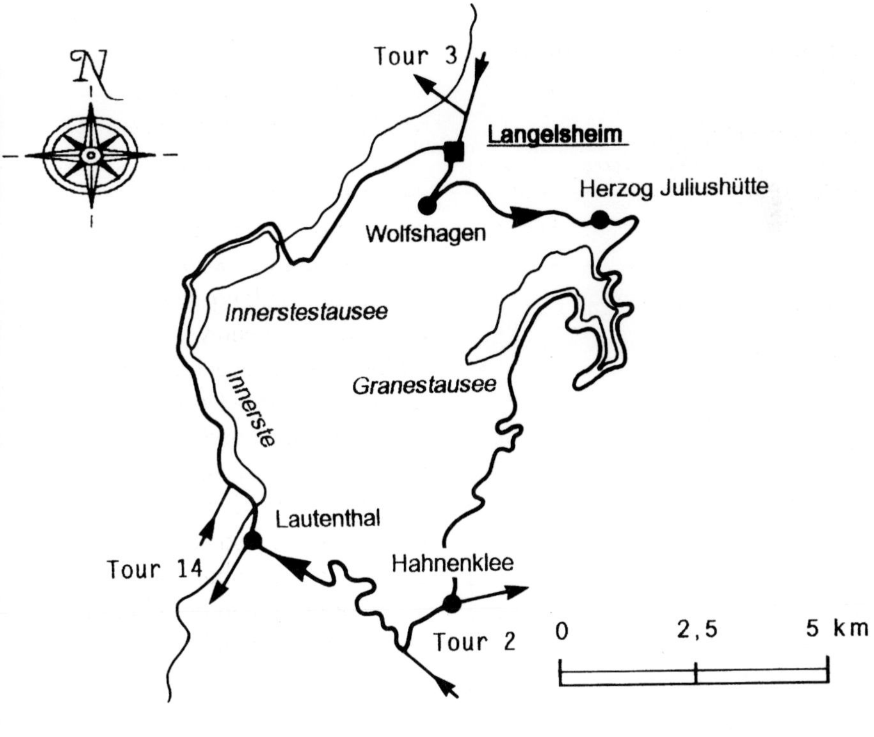

Der Harz – eine geschützte Bergwelt

Der 1960 eingerichtete Naturpark Harz mit mehreren Naturschutzgebieten und Naturdenkmalen umfaßt mit einer Gesamtfläche von rund 90.000 ha den gesamten Westteil des Gebirges bis zur ehemaligen Zonengrenze.

Der besonders nach Norden zum ertragreichen Harzvorland hin, aber auch gegen Süden und Westen zum Leinegraben steil abfallende Oberharz setzt sich in den ehemals ostdeutschen Teilgebieten des dominierenden Mittleren Harzes mit dem Nationalpark Hochharz und des niedrigeren Unterharzes fort. Dieser unter Landschaftsschutz gestellte, allgemein als Ostharz bezeichnete Gebirgsanteil klingt sanftgewellt im Thüringer Becken und der Mansfelder Tieflandbucht aus. Im Nationalpark Hochharz, dem Gebiet um den rege besuchten Brocken, gelten für Besucher besondere Richtlinien.

Der dem mittelhochdeutschen »hart« entnommene Name deutet schon in groben Zügen auf die Gestaltung dieser zwischen Seesen und Sangerhausen in seiner Länge etwa 90 km, in der Breite rund 30 km messenden Naturlandschaft hin: ein »waldreiches Gebirge«. Der Harz ist eine vielfältige Erlebniswelt. Hochgelegene und ausgedehnte Fichtenbestände wechseln mit sonnendurchfluteten Mischwäldern, durch zahlreiche Bäche und Flußtäler gegliedert, mit Anemonen, Lerchensporn und Leberblümchen. Die verschiedenen Moortypen, Tausende von Jahren alt, mit Wollgrasinseln und Rosmarinheide, Moosbeeren und Preiselbeeren gelten als besonders wertvolle Naturflächen. In den abgeschiedenen Revieren findet sich eine artenreiche Vogelwelt. Sogar Eulen, Käuze und Auerhühner sollen noch heimisch sein. Neben Rot- und Schwarzwild trifft der Waldbesucher mit etwas Glück auch noch Muffelwild und Wildkatzen an. Fuchs und Marder sowie verschiedene Amphibienarten sind keine Seltenheit.

Durch umsichtiges Verhalten und Respekt der Natur gegenüber können wir diesen großartigen Erholungsraum auch für die nachfolgenden Generationen bewahren. Schutzwürdig sind zudem die zahlreichen Höhlen und Dolinen sowie einige andere bedeutende geologische Erscheinungen und nicht zuletzt die vielen Kulturdenkmäler.

600 m Höhe den höchsten Punkt unseres Rundkurses erreicht. Wir schwenken links ab und radeln an dem unattraktiven Betonsilo-Ferienpark vorbei, bergab nach *Hahnenklee*. Die Triftstraße trägt uns durch den Heilklimatischen Kurort zur berühmten Stabkirche.
Wir nehmen die Bockswieserstraße und biegen links in die Vorfahrtsstraße Richtung Goslar ein. Auf der Straße nach Lautenthal kommen wir am traumhaft gelegenen Badesee »Kuttelbacher Teich« vorbei. Dann läßt uns die rassige Talfahrt durch die teilweise engen Nadelwald-Kehren zum Luftkurort *Lautenthal* im Tal der Innerste respektvoll in die Bremsen greifen. Nach einer engen Gasse mit sehenswerten, alten Häusern orientieren wir uns am Wegweiser »Langelsheim« und radeln ein Stück durchs Tal der Innerste.
Am Wanderparkplatz an der Südspitze des Innerstestausees rollen wir auf die Radroute Richtung Langelsheim. Diese leitet uns auf erholsamer Fahrt am dicht von Wald umschlossenen Seeufer entlang. Am Ende des Gewässers steuern wir unsere Untersätze über den Staudamm, queren die Straße und lassen uns vom Radwanderweg, einem hervorragenden Forstweg, zurück nach *Langelsheim* tragen.

TIPS

Auskunft:

- *Kur- und Fremdenverkehrsgesellschaft Hahnenklee*
  Rathausstraße 16
  38644 Hahnenklee
  Tel. (05325) 2014

- *Kurverwaltung Lautenthal*
  Am Kurhaus 2
  38685 Langelsheim
  Tel. (05325) 4444

Anfahrt:
Langelsheim ist mit der Bahn erreichbar.

Aktivitäten:
Heimatkundlicher Lehrpfad und Waldschadens-Lehrpfad in Hahnenklee; Waldlehrpfad am Bielstein in Lautenthal. Kutschfahrten in Hahnenklee. Bootfahren auf dem Badeseelein »Kuttelbacher Teich« in Hahnenklee und auf dem Innerstestausee bei Lautenthal.

Sehenswert:

- *Granestausee südlich Herzog Juliushütte.*
- *Hahnenklee: Berühmte Stabkirche im nordischen Stil aus dem Jahre 1907; Heimatmuseum mit Paul-Lincke-Stube.*
- *Lautenthal: Niedersächsisches Bergbaumuseum (Fahrt mit dem »Feurigen Elias« bis in 260 m Tiefe).*

Tour 2: Von Goslar durchs Okertal

INFOS

Charakter: *Eindrucksvolle Berg- und Talfahrt durch den nördlichen Oberharz mit prächtigem Wasserfall und mehreren Seen. Forstwege wechseln mit abschnittsweise auch stärker befahrenen Straßen (sonntags als Vormittagstour empfehlenswert), einige mäßig steile Steigungen.*

Länge: *51 km.*

Fahrzeit: *4½ Stunden.*

Ausgangspunkt: *Goslar, am Nordrand des Oberharzes.*

Höhe des Ausgangspunktes: *270 m.*

Routenverlauf: *Goslar – Oker (4 km) – Altenau (16 km) – Clausthal-Zellerfeld (10 km) – Hahnenklee (9 km) – Goslar (12 km).*

Höchster Punkt: *610 m.*

Höhenunterschied: *540 m.*

Konditionelle Anforderungen: *mittel.*

Anschlußtouren: *In Altenau Tour 16, in Clausthal-Zellerfeld Tour 15, in Hahnenklee Tour 1.*

Karte: *Radwanderkarte des Niedersächsischen Landesverwaltungsamtes, 1:75.000, Blatt RC4526 Goslar.*

»Wer Deutschland kennen will, muß *Goslar* gesehen haben«, lautet ein Slogan der Fremdenverkehrswerbung. Die altehrwürdige Stadt mit etwa 1000 unter Denkmalschutz stehenden Gebäuden in der Altstadt hat sich viele Wahrzeichen einer bedeutenden europäischen Vergangenheit erhalten. Begehrtestes Besucherziel dürfte die wuchtige Kaiserpfalz zu Füßen des Rammelsberges sein. Sie ist als das bedeutendste weltliche Bauwerk des 11. Jahrhunderts zu sehen. Das Grabmal der Pfalzkapelle St. Ulrich beherbergt das Herz Heinrichs III., der hier in seiner Residenz eine weltbedeutende Rolle einnahm.

Los geht's im östlichen Stadtteil, unterhalb des Tennisplatzes an der Straße nach Clausthal-Zellerfeld. Wir radeln auf der Bleicherstraße bergan und folgen im weiteren Verlauf geradeaus dem Anliegersträßchen. Die Beschilderung »Waldhaus-Wirtshaus« weist im Wäldchen die Richtung. Ein bald mit der »radelnden Hexe« bezeichneter Forstweg leitet uns oberhalb der Geschäftsgebäude entlang. Nach einer kurzen Tal-

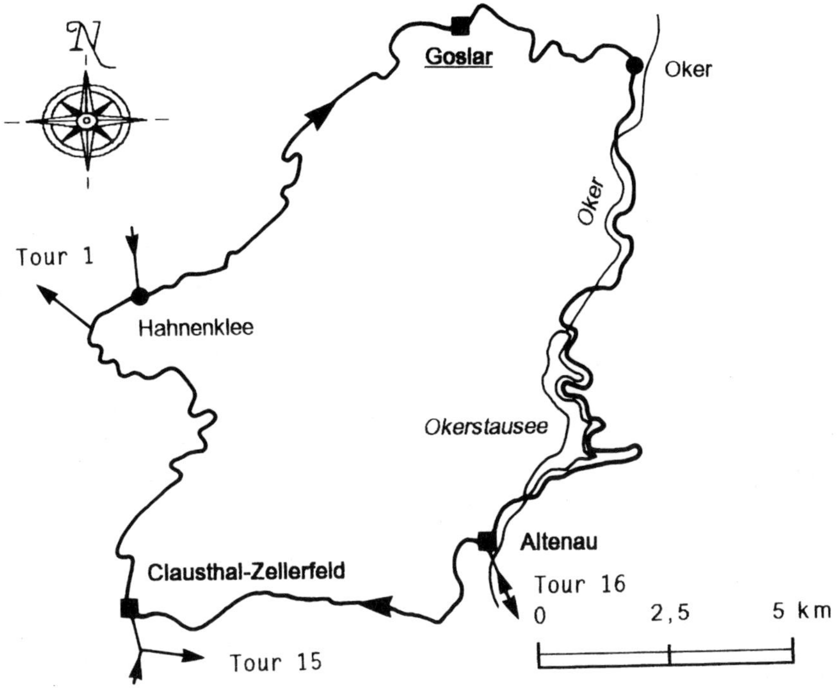

fahrt treffen wir in *Oker* ein. Rechts in die Bundesstraße steuernd, kutschieren wir gemütlich bergan durch das mit einzelnen Felsformationen geschmückte Mischwaldtal. Leider gibt es hinauf zum Okerstausee keine empfehlenswerte alternative Route für Radfahrer. Bald wirft der 50 m hohe Romkerhaller Wasserfall seine Schleier über die Felsen hinaus. Kaum zu glauben, daß diesem beeindruckenden Naturschauspiel von Menschenhand auf die Sprünge geholfen wurde. Bei den Rabenklippen befindet sich das Mundloch des über 7 km langen Oker-Grane-Stollens. Den spürbaren Aufschwung zum Okerstausee mühen wir uns auf einem geräumigen Seitenstreifen bergan. Dann geht's gemütlich mit anregendem Tiefblick über den Staudamm und auf einem Forststräßchen um die stillen Waldbuchten. Welch eine Wohltat im Vergleich zur vielbefahrenen B 498. Wir rollen über den

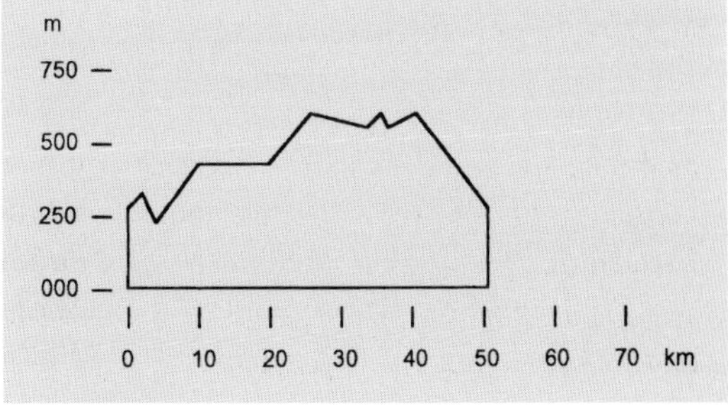

TIPS

Auskunft:

- *Kur- und Fremdenverkehrsgesellschaft Goslar*
  Markt 7, 38640 Goslar
  Tel. (05321) 2846, 2847

- *Kurbetriebsgesellschaft*
  »Die Oberharzer«
  Schultal 5
  38707 Altenau/Harz
  Tel. (05328) 80222

- *Kurbetriebsgesellschaft*
  »Die Oberharzer«
  Bahnhofsstraße 5a
  38678 Clausthal-Zellerfeld
  Tel. (05323) 81024

- *Kur- und Fremdenverkehrsgesellschaft Hahnenklee*
  Rathausstraße 16
  38644 Hahnenklee
  Tel. (05325) 2014

Anfahrt:
Goslar ist mit der Bahn erreichbar.

Aktivitäten:

- *Geologischer Lehrpfad in Goslar, heimatkundlicher Lehrpfad und Waldschadens-Lehrpfad in Hahnenklee, geologischer Lehrpfad und Forstlehrpfad in Clausthal-Zellerfeld. Kutschfahrten in Clausthal-Zellerfeld und Hahnenklee. Bootfahren auf den Badegewässern Herzberger Teich im Bergtal bei Goslar und Kuttelbacher Teich in Hahnenklee sowie auf dem Okerstausee bei Altenau, Baden zudem im Oberen Hausherzberger Teich bei Clausthal und Unteren Kellerhalser Teich bei Zellerfeld.*

Damm zwischen Hauptsperre und Vorbecken und nehmen links nochmals kurz mit der Bundesstraße vorlieb, bevor wir am Ortsbeginn des Heilklimatischen Kurorts *Altenau* nach Clausthal-Zellerfeld abbiegen.
Das Nadelwaldtal mit einem uralten Eisenbahn-Viadukt steigt zwar nur mäßig, dafür aber ständig bergan. Im ebenfalls Heilklimatischen Kurort Clausthal, dem touristenfreundlichen Mittelpunkt des Oberharzes, orientieren wir uns an der Beschilderung Richtung Goslar.
Anschließend trägt uns die Bundesstraße im Zellerfelder Ortsteil Erbprinzentanne am Stadtweger Teich und am Unteren Kellerhalser Teich vorbei. Nach einer wenig anstrengenden Waldsteigung zweigen wir auf die Route Richtung Seesen ab und rollen kurz bergab zum Hahnenkleer Ortsteil *Bockswiese*. In *Hahnenklee* selbst wollen wir es nach abermaliger kurzer Auffahrt nicht versäumen, der berühmten Stabkirche einen Besuch abzustatten. Man erreicht diese zu Fuß in Kürze auf einem Spazierweg vom großen Parkplatz.
Anschließend lenkt uns der Wanderwegweiser »Goslar« unterhalb der Kirche auf einen hervorragenden Forstweg. Anfangs strampeln

TIPS

Sehenswert:

- *Goslar: Kaiserpfalz mit Grabmal der Pfalzkapelle St. Ulrich; Rathaus mit Huldigungssaal; Glockenspiel am Marktplatz mit Bergmanns-Szenen, vergoldeter Reichsadler auf dem Brunnen; Zunft- und Gildehäuser; Kaiserworth mit bunt bemalten Holzkönigen, einst das Haus der reichen Gewandschneidergilde; Überreste der Stiftskirche St. Simon und Judas (Domvorhalle) mit Kaiserstuhl; Museum der Stadt Goslar (Geologie und Bergbau); Rammelsberger Bergbaumuseum; Roederstollen und Ratstiefste-Stollen aus dem 12. Jahrhundert; Mönchehaus (Museum für moderne Kunst); Zinnfigurenmuseum; Museum im Zwinger; Puppen- und Musikinstrumentenmuseum; Siemens-Haus; bewundernswerte Fachwerkfassaden; Kunsthandwerk im Großen Heiligen Kreuz.*
- *Romkerhaller Wasserfall und Rabenklippen im Okertal.*
- *Altenau: Heimatstube; Wunder in Holz (Lebenswerk eines Holzschnitzers); Okerstausee nördlich Altenau.*
- *Clausthal-Zellerfeld: Oberharzer Bergwerks- und Heimatmuseum (Bergbau-Geschichte mit Stollen, historischer Werksanlage und den Außenstationen Ottiliae-Schacht sowie dem 1000 m tiefen Kaiser-Wilhelm-Schacht); zweitgrößte Mineraliensammlung der Welt in der Technischen Universität; Sammlungen des Instituts für Geologie und Paläontologie der Technischen Universität; Harzer Mineraliensammlung im Dietzelhaus; Marktkirche »Zum Heiligen Geist« (größte Holz-Pfarrkirche Mitteleuropas von 1639); Kunsthandwerkerhof »Alte Zellerfelder Münze« (Glasbläserei, Töpfern, Seidenmalerei, Goldschmieden, Glasmalerei); Clausthaler und Zellerfelder Teiche.*
- *Hahnenklee: Berühmte Stabkirche im nordischen Stil aus dem Jahre 1907; Heimatmuseum mit Paul-Lincke-Stube.*

wir über die bewaldete Westseite des Bocksbergs unmerklich bergan und rubbeln vom höchsten Punkt der Tour (610 m) auf etwas rauher Fahrbahn leicht talwärts. Vor der Einmündung in die Straße halten wir uns beim Parkplatz auf der Alten Harzstraße weiterhin Richtung Goslar. Bevor wir uns auf dem Forststräßchen dem begeisternden Abfahrtsrausch hingeben, lenkt noch das kleine Denkmal mit der lateinischen Inschrift unseren Blick auf sich. Hier die Übersetzung: »Möge der durch die Axt vernichtete Wald wieder neu ergrünen«.

Beim Campingplatz queren wir die Bundesstraße und folgen dem Waldweg am Bächlein entlang zurück nach *Goslar*. Wo sich der Weg zum Pfad verschmälert, findet man, über den Holzsteg schiebend und abermals die B 241 kreuzend, auf der anderen Talseite die Fortsetzung des Wanderweges.

Tour 3: Im Tal der Innerste

INFOS

Charakter: *Bequeme Spazierfahrt im nördlichen Vorland des Oberharzes mit hübschen Bergblicken. Durchwegs verkehrsarme Sträßchen, ein sanfter Anstieg. Ideale Runde für weniger geübte Pedalfreunde.*

Länge: *24 km.*

Fahrzeit: *2 Stunden.*

Ausgangspunkt: *Langelsheim, an der Nordwestecke des Harzes.*

Höhe des Ausgangspunktes: *210 m.*

Routenverlauf: *Langelsheim – Bredelem (6 km) – Dörnten (4 km) – Hahndorf (7 km) – Jerstedt (3 km) – Langelsheim (4 km).*

Höchster Punkt: *240 m.*

Höhenunterschied: *80 m.*

Konditionelle Anforderungen: *leicht.*

Anschlußtouren: *In Langelsheim Tour 1, zwischen Dörnten und Hahndorf Tour 4.*

Karte: *Radwanderkarte des Niedersächsischen Landesverwaltungsamtes, 1:75.000, Blatt RC4526 Goslar.*

Dort, wo die Innerste das Gebirge verläßt und sich der Granebach hinzugesellt, dehnt sich zu beiden Ufern das alte Städtchen *Langelsheim* aus. Wir biegen vom Bahnhof links in die Straße ein und fahren Richtung Seesen über die Innerstebrücke. Die Route nach Salzgitter-Bad ermöglicht über die flachen Äcker ein zügiges Tempo.

Die Ringelheimer Mulde, durch die wir hier pedalieren, weist einen recht karstigen Untergrund auf. Man rechnet damit, daß die Innerste auf diesem Abschnitt deutlich an Wasser verliert. Unter Naturschutz stehende Schlackenhalden entlang des Flußufers stammen aus der Verhüttung ehemaliger Harzer Buntmetallerze aus dem Rammelsberg in der sogenannten Heitlingshütte.

Man nimmt zudem an, daß Hochwasser im Laufe der Zeit diese Halden verlagert haben und ein Teil davon zum Bau eines Schutzdammes bei Bredelem verwendet wurde. Eine Besonderheit unter den Pflanzen der Schwermetallfluren ist die knallrote Grasnelke. Im Innerstetal hat sie sogar einen eigenen Namen bekommen; der Volksmund nennt sie hier Innersteblume. Wir lassen *Bredelem* links liegen, radeln an mehreren Teichen

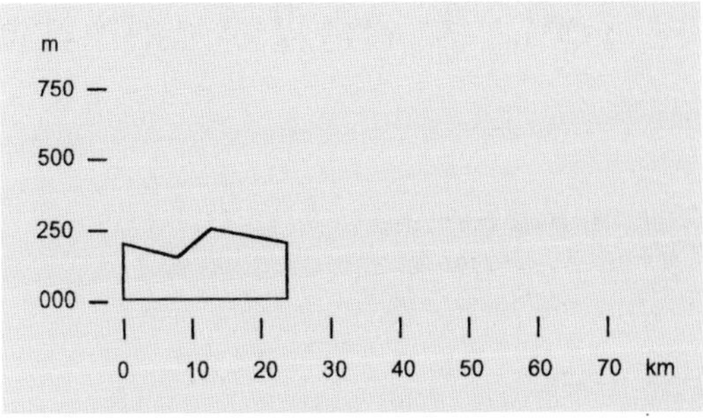

vorbei und wechseln im Weiler *Kunigunde* das Ufer der hier verwachsenen Innerste. Anschließend schwenken wir in die Bundesstraße Richtung Goslar ein, die wir jedoch gleich wieder verlassen, um auf der Birkenallee hinüber nach *Dörnten* zu fahren. Man genießt dabei schöne Ausblicke auf die Waldwellen des Harzrandes.

Richtung Groß Döhren geht's nun leicht bergan. Eine vergnügliche Strampeleinlage, die kaum der Rede wert ist. Wir kurbeln zwischen anmutigen Mischwaldhügeln hindurch und biegen vor dem querliegenden Höhenzug mit dem etwas übertrieben klingenden

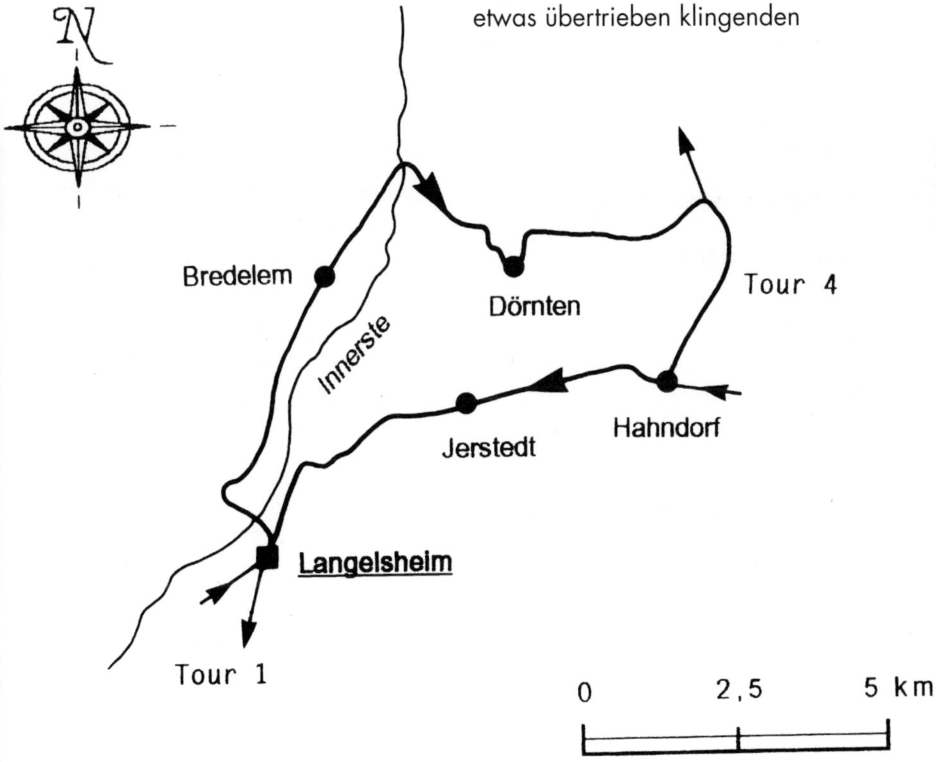

TIPS

Auskunft:

- *Stadtverwaltung Langelsheim Postfach 1260 38685 Langelsheim Tel. (05326) 1025*

Anfahrt:

Langelsheim ist mit der Bahn erreichbar.

Sehenswert:

- *Langelsheim: Heimatmuseum (Brauchtum, Handwerk und Technik); Kirche aus dem 14. Jahrhundert; ottonische Wallburg aus dem 10. Jahrhundert, am Kahnstein östlich der Stadt.*

Namen »Schneeberg« in die Vorfahrtsstraße nach *Hahndorf* ein. Dort steuern wir Richtung Langelsheim und lassen unsere Untersätze, nochmals reizvolle Ausblicke auf die imponierenden Harzberge genießend, sanft hinunter nach *Jerstedt* gleiten. Auf der weiterhin gemütlichen Abfahrt über die Felder zurück nach *Langelsheim* kommen wir an der Innerste-Schleife an einem auffallenden Felshügel vorbei, dem Kahnstein. Leider wurde das Karstgelände durch ein großes Abbaugebiet ziemlich verschandelt.

Tour 4: Rund um den Harlyberg

Ein verheerender Erdsturz beendete am 8. Mai 1930 den Kalibergbau des Bergwerks Hercynia am Harly nördlich *Vienenburg*. Durch Salzlaugezufluß bildete sich über Jahrzehnte hinweg unweit des Schachtes I ein gefährlicher Hohlraum, der schließlich einstürzte und mit seinen mitführenden Wassermengen die Grube füllte. Die Bahnlinie von Vienenburg nach Grauhof bei Goslar donnerte damals in den 80 m tiefen Einsturztrichter.

Den Harlyberg hüllen prachtvolle Laubwälder mit einer bemerkenswerten Blumenwelt ein. Hier wächst auch eine spezielle »Harly-Blume«, der purpurblaue Steinsame. Dieser ist am Harlyberg ungewöhnlich üppig vertreten, weshalb er den ortsbezogenen Namen bekam.

Wir steuern vom ältesten Bahnhof Deutschlands mit der uralten Ausstellungslok zum schönen Rathaus und fahren Richtung Wiedelah. Nach der Bahnüberführung beachten wir den Wegweiser »Erholungsgebiet Vienenburger See« und biegen Richtung Schacht I ab. Die Räder wechseln das Okerufer und rollen anfangs auf einem Waldweg, später auf einem Anliegersträßchen südlich des Harlys

INFOS

Charakter: *Reine Vergnügungsrunde im Hügelland nördlich des Oberharzes. Meist wenig befahrene Nebenstraßen, kurze Abschnitte auf Wald- und Radwegen; ein kaum spürbarer Anstieg. Wie auch Tour 3 besonders für Genießer geeignet.*

Länge: *33 km.*

Fahrzeit: *2½Stunden.*

Ausgangspunkt: *Vienenburg, im nördlichen Harzvorland.*

Höhe des Ausgangspunktes: *150 m.*

Routenverlauf: *Vienenburg – Immenrode (7 km) – Hahndorf (4 km) – Groß Döhren (5 km) – Weddingen (5 km) – Lengde (7 km) – Vienenburg (5 km).*

Höchster Punkt: *240 m.*

Höhenunterschied: *90 m.*

Konditionelle Anforderungen: *leicht.*

Anschlußtouren: *In Vienenburg Tour 5, in Hahndorf Tour 3.*

Karte: *Radwanderkarte des Niedersächsischen Landesverwaltungsamtes, 1:75.000, Blatt RC4526 Goslar.*

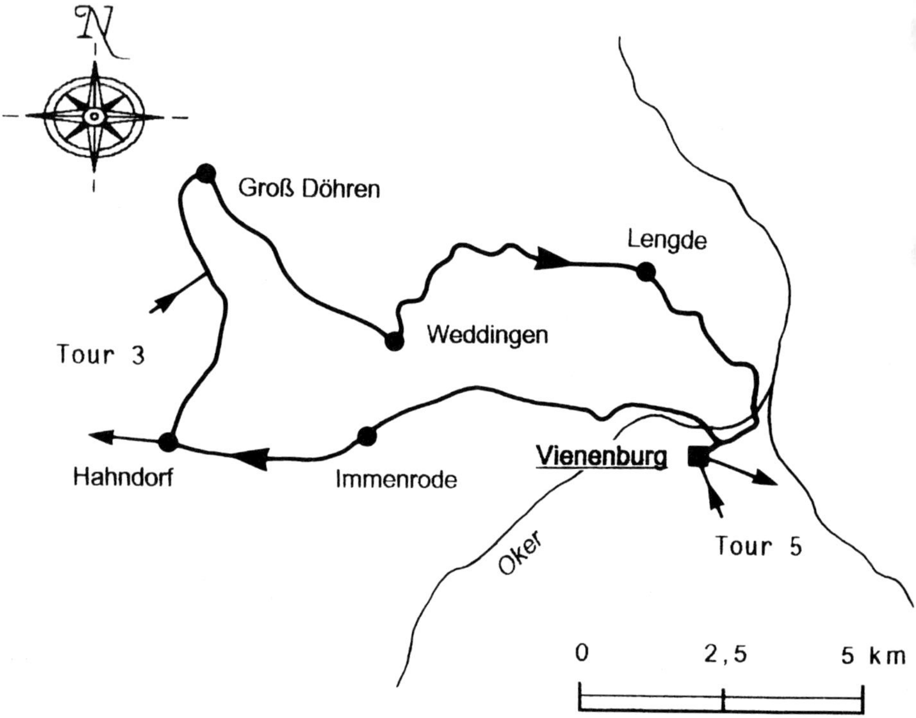

nach *Wöltingerode* mit der Kloster-Kornbrennerei. In der versteckten Kräuter-August-Höhle am Südhang des Harlybergs hat früher angeblich ein den Leuten wohlgesonnener Waldgeist gehaust. Ein Radweg führt nun weiter am Fuße des

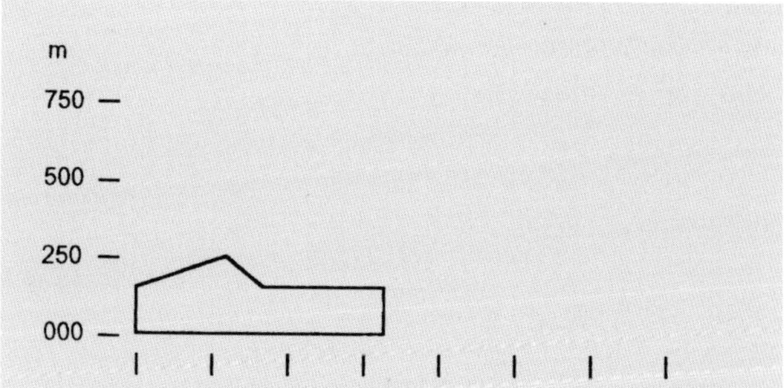

Harlys entlang und eröffnet schöne Ausblicke über die Felder zu den Harzbergen. Wir lenken hinüber nach *Immenrode*, wo wir uns erst Richtung Goslar halten und anschließend mit nochmals herrlichen Bergblicken leicht bergan nach *Hahndorf* kurbeln.
Richtung Liebenburg geht's durch eine abwechslungsreiche Hügellandschaft und über eine vergnügliche Abfahrt nach *Groß Döhren*. Dort wenden wir uns Richtung Vienenburg und radeln übers Ackerland nach *Weddingen*. Der Verkehr auf der Schladener Route, es ist die B 82, durch eine Wiesenmulde mit Baumgruppen westlich um den Harly herum nach *Beuchte* hält sich in Grenzen.
Nun wiederum Richtung Vienenburg fahrend geht's auf zügiger Strecke sanft talwärts nach *Lengde*. Nach einer weiteren kurzen Abfahrt rollen wir über die Okerbrücke und nehmen den Radweg zurück nach *Vienenburg*.

TIPS

Auskunft:

- *Stadt Vienenburg
Fremdenverkehrsamt
Goslarer Straße 9
38690 Vienenburg
Tel. (05324) 880*

Anfahrt:

Vienenburg ist mit der Bahn erreichbar.

Aktivitäten:

Pferdekutschfahrten vom Ponyhof in Vienenburg. Bootfahren auf dem Vienenburger See nördlich der Stadt.

Sehenswert:

- *Vienenburg: Historischer Bahnhof (ältestes noch erhaltenes Bahnhofsgebäude Deutschlands mit Eisenbahnmuseum); Vienenburger See; Reste der Harlyburg; Waldmänneken-Höhle.*
- *Wöltingerode: Klostergut mit Kloster-Kornbrennerei; Kräuter-August-Höhle nördlich des Klosters.*

Tour 5: Zwischen Ecker und Ilse

INFOS

Charakter: *Zügige Rundfahrt im fruchtbaren Vorland nördlich des Mittleren Harzes. Durchwegs verkehrsarme Sträßchen, eine leichte Auffahrt.*

Länge: *39 km.*

Fahrzeit: *3 Stunden.*

Ausgangspunkt: *Vienenburg, im nördlichen Harzvorland.*

Höhe des Ausgangspunktes: *150 m.*

Routenverlauf: *Vienenburg – Lüttgenrode (8 km) – Osterwieck (5 km) – Wasserleben (9 km) – Veckenstedt (3 km) – Stapelburg (5 km) – Abbenrode (5 km) – Vienenburg (4 km).*

Höchster Punkt: *240 m.*

Höhenunterschied: *120 m.*

Konditionelle Anforderungen: *leicht.*

Anschlußtouren: *In Vienenburg Tour 4, in Wasserleben Tour 7, in Stapelburg Tour 6.*

Karte: *Regionalkarte des Niedersächsischen Landesverwaltungsamtes, 1:100.000, Blatt 16 »Der Oberharz und seine Randlandschaften«.*

Wir steuern in *Vienenburg* vom ältesten Bahnhof Deutschlands mit der uralten Ausstellungslok zum schönen Rathaus und fahren Richtung Osterwieck. Nach der Eckerbrücke bietet die zügige Route übers weite Ackerland der ehemaligen Grenzzone schöne Ausblicke zum Harzrand und empor zum unverwechselbaren Brocken.
In *Lüttgenrode* radeln wir am Ortsende Richtung Wülperode und fahren über eine Kuppe hinein nach *Stötterlingen*. Schön ist der Rückblick auf Lüttgenrode, das sich anmutig um einen Hügel schmiegt. Hinter einer Linde versteckt sich die betagte Stötterlinger Steinkirche mit ihrem offenen Glockenturm. Durchs Tal der Ilse kutschierend treffen wir bald darauf in *Osterwieck* ein. Dort halten wir uns nach der Flußbrücke Richtung Halberstadt.
Osterwieck, in früheren Zeiten »Saligensted« genannt und während des Dreißigjährigen Krieges mächtige Festung, war bereits unter Karl dem Großen eine bedeutende Ansiedlung. Der Beiname »wieck« des an alten Handelsstraßen gelegenen Ortes bezieht sich auf den ehemaligen Stapelplatz (»wik«) reisender Kaufleute. Im Jahre 1511 verwüstete

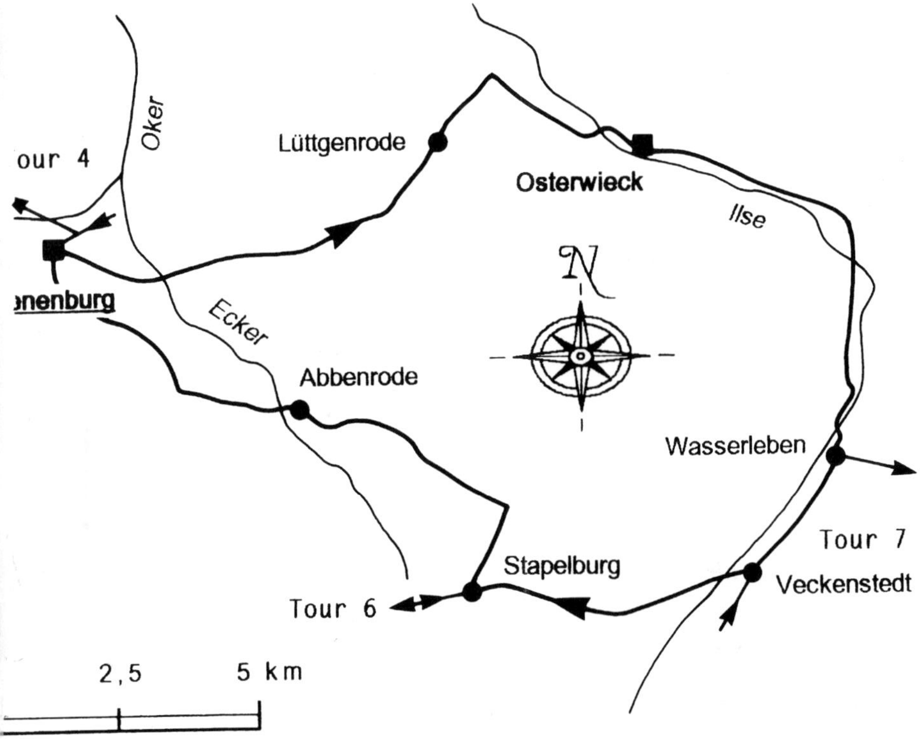

eine verheerene Feuersbrunst nahezu die ganze Stadt.
In *Berßel* pedalieren wir Richtung Wernigerode und steuern nun über die ausgedehnten Getreidefelder, eben wie ein Reißbrett, direkt auf die mächtig vor uns aufragenden Harzberge zu.
Im Nachbarort *Wasserleben* orientieren wir uns anfangs noch an der Beschilderung »Wernigerode« und schwenken anschließend auf die Ilsenburger Route ab.

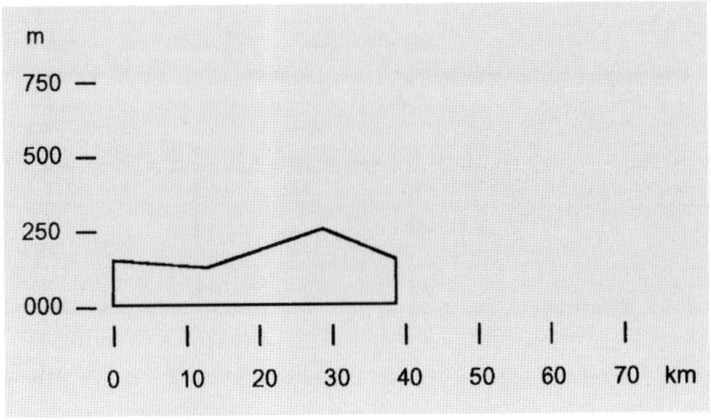

TIPS

Auskunft:

- *Stadt Vienenburg*
  Fremdenverkehrsamt
  Goslarer Straße 9
  38690 Vienenburg
  Tel. (05324) 880

- *Tourist-Information Osterwieck*
  38835 Osterwieck
  Tel. (039421) 213

- *Nordharz-Information*
  Straße der Technik 4
  38871 Veckenstedt
  Tel. (039451) 5263

Anfahrt:

Vienenburg ist mit der Bahn erreichbar.

Aktivitäten:

Pferdekutschfahrten vom Ponyhof in Vienenburg. Bootfahren auf dem Vienenburger See nördlich der Stadt.

Sehenswert:

- *Vienenburg: Historischer Bahnhof (ältestes noch erhaltenes Bahnhofsgebäude Deutschlands mit Eisenbahnmuseum); Vienenburger See; Reste der Harlyburg; Waldmännekenhöhle.*
- *Lüttgenrode: Zerfallene, romanische Klosterkirche St. Laurentius.*
- *Stötterlingen: Alte Steinkirche mit offenem Glockenturm.*
- *Osterwieck: Mittelalterlicher Stadtkern mit prachtvollen Fachwerkhäusern (charakteristische Fächerrosetten und Blendarkaden); Eulenspiegelhaus mit Schnitzereien; Rathaus mit Heimatmuseum (stadtgeschichtliche Abteilung und prähistorische Sammlung); Stephanikirche von 1150 und Nikolaikirche von 1200.*
- *Malerische Burgruine in Stapelburg.*

Von *Veckenstedt* aus dem Ilsetal weiterhin über fruchtbares Getreideland nach *Stapelburg* müssen wir kurzzeitig ein bißchen stärker in die Pedale treten, ohne jedoch unseren Muskelantrieb zu überfordern.
Über *Abbenrode* an der Ecker und *Lochtum* zurück nach *Vienenburg* genießt man abschließend schöne Ausblicke auf die Harzhöhen bei Bad Harzburg.

Tour 6: Durchs Eckertal nach Torfhaus

Stapelburg wird vorraussichtlich ab 1996/97 mit einem Anschluß an die Vienenburger Linie auch wieder mit der Bahn erreichbar sein. Bei der Kirche fahren wir Richtung Goslar und dirigieren unsere Untersätze gleich wieder rechts über die Eckerbrücke und den vormaligen Grenzstreifen ins benachbarte *Eckertal*. Dort lenkt uns der Wanderwegweiser »Eckertal« zum südlichen Ortsende, wo uns ein Forststräßchen aufnimmt. Dieses trägt uns in mäßiger Steigung an der rauschenden Ecker entlang.

Ab der Papierfabrik rollen die Reifen auf einer hervorragenden Naturfahrbahn hinein ins einsame Mischwaldtal. An einer Gabelung beachten wir weiterhin den Wegweiser »Eckertal« und folgen den roten Dreiecks-Markierungen an der gewohnten Flußseite. Unter den beeindruckenden Rabenklippen vorbei schwingt sich die Route durch das wildromantische Tal nun stärker bergan. Allmählich bekommen wir den langen Anstieg deutlich zu spüren.

Vom Werksgebäude ab sieht man sich gezwungen, den kurzen aber sehr steilen, grob steinigen Aufschwung schiebend zu überwinden. Bei der Brücke mit den zwei

INFOS

Charakter: *Herausfordernde Schleichwegroute auf der Nordseite zwischen Oberharz und Mittlerem Harz, entlang der ehemaligen innerdeutschen Grenze. Durchwegs Forstwege, anhaltende und unterschiedlich steile Auffahrten. Mountain Bike vorteilhaft.*

Länge: *44 km.*

Fahrzeit: *4 Stunden.*

Ausgangspunkt: *Stapelburg, im Eckertal, am Nordrand des Mittleren Harzes.*

Höhe des Ausgangspunktes: *220 m.*

Routenverlauf: *Stapelburg – Eckertal (1 km) – Eckerstausee (11 km) – Torfhaus (10 km) – Stapelburg (22 km).*

Höchster Punkt: *800 m.*

Höhenunterschied: *580 m.*

Konditionelle Anforderungen: *schwer.*

Anschlußtouren: *In Stapelburg Tour 5, in Torfhaus Tour 16.*

Karte: *Radwanderkarte des Niedersächsischen Landesverwaltungsamtes, 1:75.000, Blatt RC4526 Goslar.*

»Klassische Quadratmeile« der Geologie

Den Landstrich zwischen Bad Harzburg und Goslar, den Nordabfall des Oberharzes, nannte Goethe nach seiner Harzreise im Jahre 1784 die »klassische Quadratmeile der Geologie«. Hier präsentiert die Erdkruste nahezu das gesamte Spektrum des Erdaltertums, vom Silur bis zum Perm. Namhafte Geologen nannten den Harz »eines der geologisch am interessantesten und schwierigsten Gebiete Europas«, ein »Kleinod unter den Gebirgen der Erde«, einen »Berater in vielen Fragen der deutschen Geologie«.

Der Harz, Teil des Variskischen Gebirges, hat rund 280 Millionen Jahre auf dem Buckel, zumindest was den sichtbaren Teil angeht. Zu jener Zeit entwuchs der Gebirgskomplex dem Meer. Die Sedimentschichtungen wurden gekippt, gefaltet und von Störungszonen durchbrochen. Die ältesten Gesteine weisen ein Alter von über 500 Millionen Jahren auf. Aus dem Devon stammen die reichen Blei-Zink-Kupfer-Erzvorkommen; damals erkaltete die magmatische Gesteinsschmelze. Während des Perm verwitterte der Harz zunehmend, erfuhr nach und nach eine Abtragung und war anschließend zeitweise wieder von Meeren bedeckt.

Erst in der Kreidezeit wurde das Gebirge als Pultscholle erneut herausgehoben, um fast 3000 m, und an seinem Nordabfall über die jüngeren Schichtungen geschoben. Während des Tertiärs bekam der Harz einen nochmaligen Schub. Die tiefen, teils schluchtartigen Täler bildeten sich heraus. Das damalige tropische Klima leitete jedoch wiederum einen beschleunigten Verwitterungsungsprozeß ein.

Während der Eiszeiten schlummerte der zentrale Teil mit dem Brocken, bewiesen durch Untersuchungen des Geologen Duphorn im Odertal, unter einem dicken Eispanzer. Moränenwälle, Schmelzwasserrinnen, Toteislöcher und spezielle Formen von Schuttströmen verdeutlichen die Tatsache einer Vereisung. Gesteine aus skandinavischen Ländern sowie Grundmoränenareale beweisen außerdem das Vorstoßen nordeuropäischer Gletscher bis zu einer Linie Wernigerode - Blankenburg - Friedrichsbrunn - Stolberg. Ob sich die Eisströme nur einmal oder gar zweimal bis zum Fuße des Gebirges wälzten, darüber sind sich die Wissenschaftler bis heute noch nicht einig. Die Interglaziale leiteten zuletzt eine deutliche Verkarstung ein: Die Höhlen entstanden.

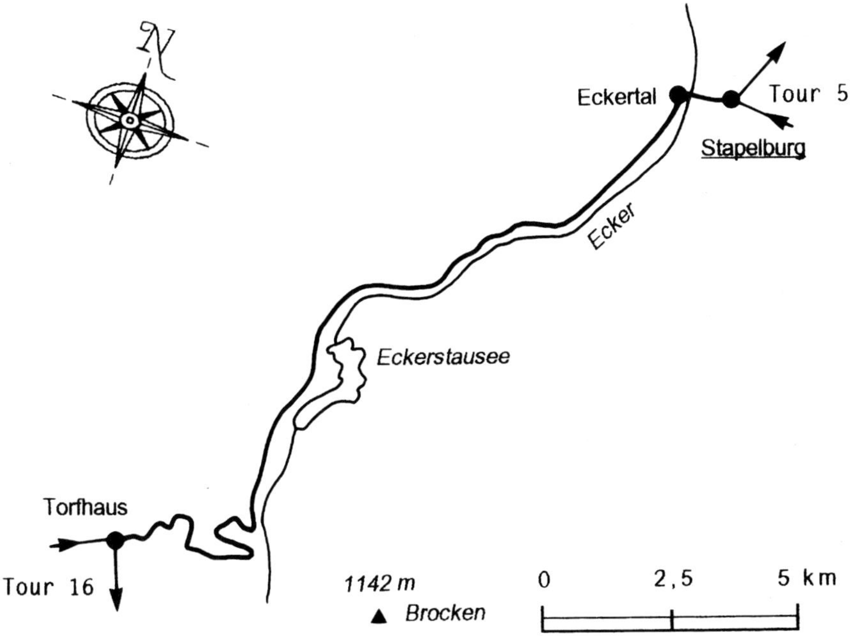

Teichen lohnt es sich, einen Abstecher links auf dem Sträßchen zur Sperrmauer des Eckerstausees einzulegen. Die frühere Zonengrenze verlief genau mitten über den See und im weiteren Verlauf an der Ecker entlang.
Zurück bei den Teichen, mühen wir uns noch vor der Brücke links den kräftigen Forstweg-Aufschwung empor und kurbeln an der folgenden Gabelung rechts gemütlich bergan. Unmittelbarer Blickfang ist der 1142 m hohe Brocken jenseits des Eckertals. Die großflächigen Waldschäden stimmen betrüblich. Nach einem kleinen Abstecher von der Unterstandshütte zum Skidenkmal geht's an der folgenden Gabelung geradeaus.
Nun setzt das knackige Finale an. In drei weiten Kehren quert die Hauptroute ein paarmal das Abbebächlein und überlistet schließlich

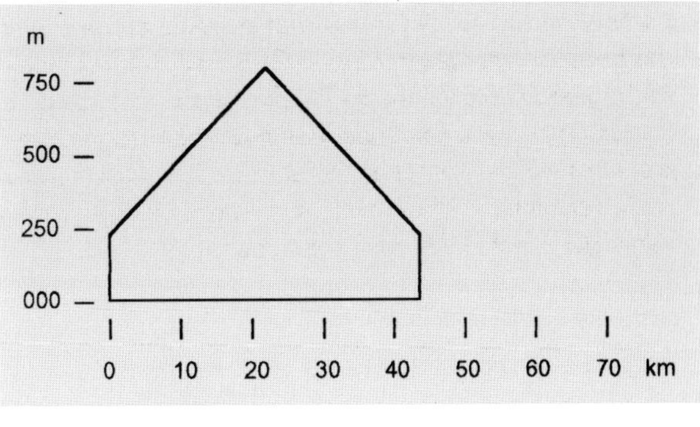

TIPS

Auskunft:

- *Kurbetriebsgesellschaft Bad Harzburg Herzog-Wilhelm-Straße 86 Tel. (05322) 75330*

Anfahrt:

Von Vienenburg, dem nächstgelegenen Bahnhof aus nördlicher Richtung, sind es 9 km nach Stapelburg, von Ilsenburg, der nächstgelegenen Station aus östlicher Richtung, 5 km.

Sehenswert:

- *Malerische Burgruine in Stapelburg.*
- *Eckerstausee im oberen Eckertal. Radauer-Born-Moor bei Torfhaus.*

den Nordhang des Quitschenbergs. Die Aktion geht an die Substanz. An der Wegverzweigung nach einer kurzen Flachpassage lenken wir rechts und haben nach einem geringen Höhenverlust links hinauf nach *Torfhaus* an der B 4 mit der ersehnten Einkehrmöglichkeit nochmals eine letzte Hürde zu nehmen.

Kurz vor der Häuseransammlung auf 800 m Höhe dehnt sich am Nordostfuß des Magdbettgipfels inmitten eines lichten, niedrigen Nadelwaldes das Radauer-Born-Moor aus, ein rund 10.000 Jahre altes Sattelmoor. Es wird von der Abbe und der Radau entwässert. Auf dem geschützten Moorflecken wachsen seltene Pflanzenarten und die in Deutschland äußerst selten vorkommende Zwergbirke. Früher baute man hier Torf zu Brennzwecken ab.

Auf dem Rückweg sollte man zur eigenen Sicherheit und vor allem auch der Wanderer zuliebe auf dem steilen Wegstück von der Brücke bei den zwei Teichen hinunter zum Werksgebäude das Rad schieben.

Tour 7: Von Wernigerode ins Ilsetal

Wernigerode ist ein rege von Touristen besuchtes, verträumtes Fachwerkstädtchen mit einem weithin bekannten Märchen-Rathaus. Wer kennt nicht den nostalgischen Bau, früher Spielhaus, mit den spitzgeformten, gotischen Erkertürmen und den lustigen Fastnachts-, Gaukler-, Tanz- und Heiligenfiguren. Auf dem Agnesberg, hoch über der Stadt an der Holtemme, thront das Schloß der Fürsten von Stolberg-Wernigerode. Schon Hermann Löns hat Wernigerode als reichste und bunteste Stadt des Harzes gerühmt.
Wir lenken am Bahnhof rechts und halten uns Richtung Elbingerode. Nach der Holtemmebrücke beachten wir den Wegweiser »Schierke« und orientieren uns kurz vor dem Ortsende am Wanderwegweiser »Steinerne Renne«. Die Bielsteinchaussee leitet uns gemütlich bergan durch ein Mischwaldtälchen. An der Gabelung weist uns die Bezeichnung »Gasthaus Plessenburg« auf ein steiles Natursträßchen, das wohl die meisten aus dem Sattel zwingt. Die Harzquerbahn kämpft sich hier über eine weiten Kehre hinauf nach Schierke. Wir bleiben immer auf der Hauptroute und radeln an der Verzweigung, wo sich die Stei-

INFOS

Charakter: *Begeisternde Entdeckungstour mit unterschiedlichen Ansprüchen zwischen zwei typischen Harzstädten am Nordabfall des Mittleren Harzes. Forstwege und verkehrsarme Straßen, eine kräftige und anhaltende Steigung.*

Länge: *40 km.*

Fahrzeit: *3½ Stunden.*

Ausgangspunkt: *Wernigerode, am Nordrand des Mittleren Harzes.*

Höhe des Ausgangspunktes: *230 m.*

Routenverlauf: *Wernigerode – Gasthaus Plessenburg (12 km) – Ilsenburg (5 km) – Veckenstedt (6 km) – Wasserleben (3 km) – Langeln (3 km) – Heudeber (3 km) – Wernigerode (8 km).*

Höchster Punkt: *590 m.*

Höhenunterschied: *430 m.*

Konditionelle Anforderungen: *schwer.*

Anschlußtouren: *In Veckenstedt Tour 5, in Heudeber Tour 8.*

Karte: *Regionalkarte des Niedersächsischen Landesverwaltungsamtes, 1:100.000, Blatt 16 »Der Oberharz und seine Randlandschaften«.*

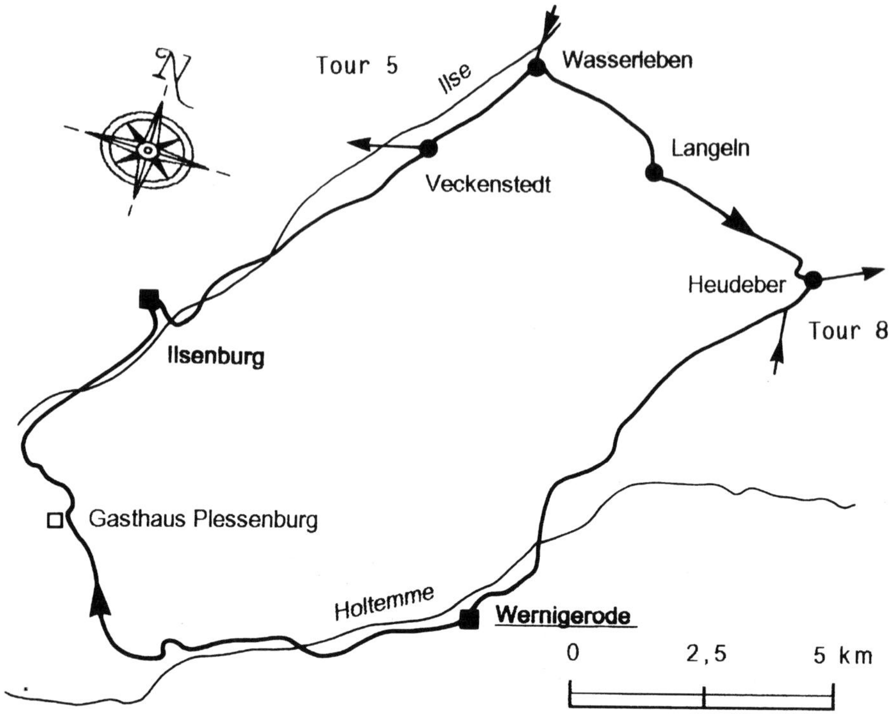

gung zurücklegt, über die Anhöhe 590 m, den höchsten Punkt der Fahrt, unter den Wolfsklippen vorbei zum *Gasthaus Plessenburg*. Von der nur von Wanderern und Radfahrern zu erreichenden Einkehr bremsen wir Richtung Ilsenburg auf dem Forststräßchen hinunter ins Ilsetal und kutschieren am einsamen Fluß entlang talauswärts. Wer über genügend Zeit verfügt, kann nach der kurvigen Abfahrt noch die Ilsefälle am Fuße des Brockens besuchen. Diese stellen einen der landschaftlichen Höhepunkte des gesamten Harzes dar. Heinrich Heine, an den auf dem Weg dorthin ein Gedenkstein erinnert, nahm die großartigen Wasserfälle in seine »Harzreise« auf. Unter

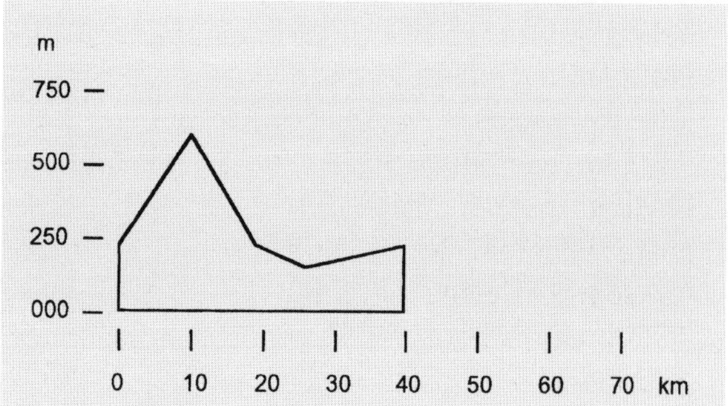

dem kecken Granitspitz des Ilsesteins sollte man sich etwas die Füße vertreten. Mit etwas Glück findet man auf einer kleinen Mineralienexkursion möglicherweise ein paar der funkelnden Kristalle. Den Gipfel schmücken ein Kreuz und eine Burgruine. Gemäß der Sage verschluckte hier eine Felsenspalte während eines Erdebebens die Prinzessin Ilse samt ihres Geliebten, als sich diese auf der Flucht vor der Sintflut hinauf zum Brocken mühten. Ist man rechtzeitig unterwegs, kann man bei den ersten Sonnenstrahlen die aus dem Felsen tretende Prinzessin beim Bade in den erquickenden Fluten der Ilse beobachten, was bislang allerdings nur wenigen gelungen sein soll.
Von der Ilsebrücke rollen wir auf einem Pflastersträßchen an der Prinzess-Ilse-Quelle und der Oberen und Unteren Sägemühle vorbei und kommen nach *Ilsenburg*. Der gebirgige Teil der Reise liegt hinter uns. Nun folgt der Erholungsteil. Wie die Geschichte vieler anderer Harzstädte, so ist auch jene von Ilsenburg auf den Erzbergbau zurückzuführen. Der einladende Erholungsort feierte 1995 sein 1000jähriges Bestehen. Wir beachten die Beschilderung nach Bad Harzburg, radeln am netten Seelein entlang und anschließend ein Stück Richtung Wernigerode und biegen schließlich nach *Veckenstedt* ab.
Übers flache Agrarland geht's weiter nach *Wasserleben*, wo wir erst Richtung Wernigerode steuern und

TIPS

Auskunft:

- *Tourist-Information Wernigerode*
  Breite Sraße 12
  38855 Wernigerode
  Tel. (03943) 33035

- *Fremdenverkehrsamt Ilsenburg*
  Vogelsang 9
  38871 Ilsenburg
  Tel. (039452) 8112

- *Nordharz-Information*
  Straße der Technik 4
  38871 Veckenstedt
  Tel. (039451) 5263

Anfahrt:
Wernigerode ist mit der Bahn erreichbar.

Aktivitäten:
Wernigeroder Bimmelbahn. Kutschfahrten und Folklore-Abende in Wernigerode. Naturlehrpfad Ilsenburger Schleife, Naturlehrpfad Ilsenburg – Wernigerode und mineralogischer Lehrpfad im Zanthierpark in Ilsenburg.

Veranstaltungen:
Wernigeroder Rathausfest im Juni.

TIPS

Sehenswert:

- *Wernigerode: Schloß auf dem Agnesberg mit Feudalmuseum (Prunkräume, Kunstschätze, Waffen, Jagdgeschichte), Planetarium, Palmenhaus und Orangerie; berühmtes Rathaus; Marktbrunnen; Sylvestrikirche; Reste der mittelalterlichen Stadtmauer mit Westernturm und zwei Schalentürmen; bedeutende Fachwerkbauten wie das Krummelsche Haus (reiches Schnitzwerk) oder Haus Gadenstedt; Harzmuseum (Natur und Wirtschaft des Harzes, Stadtgeschichte, Fachwerkbau, Trachten); Krellsche Schmiede; Kunsthandwerkerhof (Glasatelier und Töpferwerkstadt); Hüttersche Porzellanmanufaktur; Kemenate; Glashütte Rolandglas.*
- *Ilsenburg: Schloß (ehemals kaiserliche Jagdpfalz); Benediktinerkloster; Vogelmühle (Wassermühle aus dem 17. Jahrhundert); Schloßmühle; Faktorei; Hammerhütte; Nagelhütte; Achsenschmiede; Hüttenmuseum (Entwicklung der Erzverarbeitung und des Eisengusses, stadtgeschichtliche Abteilung); Jagdhaus Plessenburg.*
- *Windrad bei Langeln.*

dann das Pflastersträßchen über die hügeligen Getreidefelder mit schönem Brockenblick und an einem Windrad vorbei nach *Langeln* nehmen. Wir wechseln von der Wernigeroder Route auf die zügige Straße nach Blankenburg und treffen bald darauf in *Heudeber* ein.
Dort orientieren wir uns anfangs noch an der Beschilderung Richtung Blankenburg und radeln über *Reddeber* zurück nach *Wernigerode.*

Tour 8: Zwischen Huy und Mittlerem Harz

INFOS

Charakter: *Bequeme Spritztour im nördlichen Harzvorland, besonders für weniger trainierte Radwanderer empfehlenswert. Überwiegend verkehrsarme Sträßchen, ruppiger Wegabschnitt; ein kurzer Anstieg.*

Länge: *31 km.*

Fahrzeit: *2½ Stunden.*

Ausgangspunkt: *Heudeber, im nördlichen Harzvorland bei Wernigerode.*

Höhe des Ausgangspunktes: *190 m.*

Routenverlauf: *Heudeber – Ströbeck (7 km) – Derenburg (5 km) – Heimburg (6 km) – Benzigerode (3 km) – Silstedt (3 km) – Heudeber (7 km).*

Höchster Punkt: *240 m.*

Höhenunterschied: *90 m.*

Konditionelle Anforderungen: *leicht.*

Anschlußtouren: *In Heudeber Tour 7, in Heimburg Tour 10.*

Karte: *Regionalkarte des Niedersächsischen Landesverwaltungsamtes, 1:100.000, Blatt 16 »Der Oberharz und seine Randlandschaften«.*

Startpunkt ist *Heudeber*, genauer gesagt die Bahnhaltestelle Heudeber - Danstedt. Wir radeln über die Bahnbrücke hinein nach *Danstedt* und lenken in die Sandfurter Straße. Richtung Halberstadt geht's übers Ackerland sanft bergan nach *Ströbeck*.
Der Ort südlich des Huy-Höhenzugs findet bereits im Jahre 1004 in einer Urkunde Heinrichs II. Erwähnung. Bis ins Jahr 1011 geht die sagenumwobene Geschichte des Ströbecker Schach-

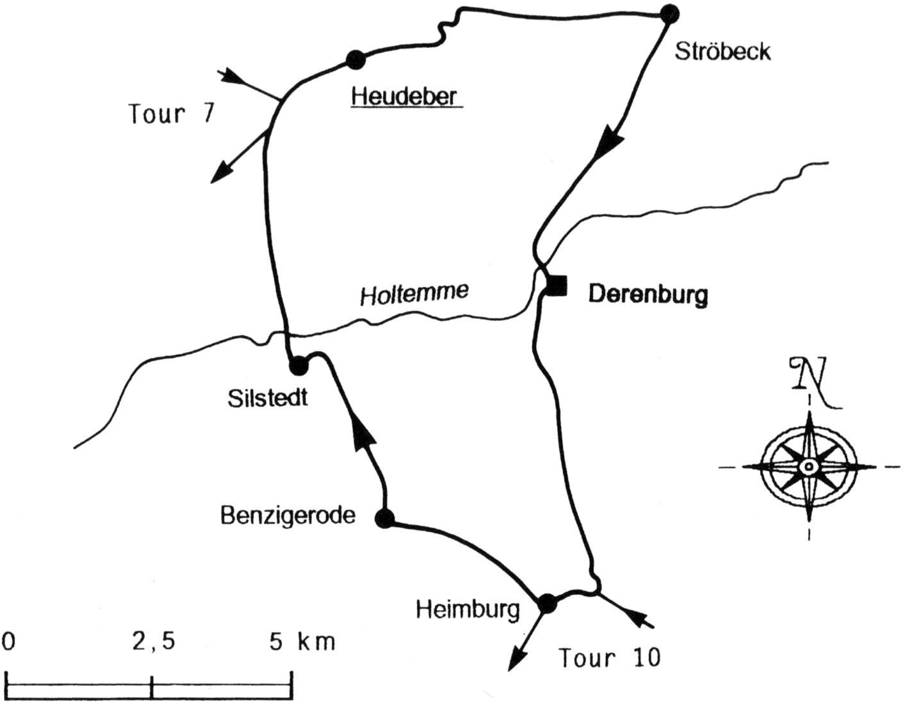

spiels zurück. Ströbeck bietet nicht nur Schachkurse für jedermann an, sogar in der Schule, benannt nach dem einzigen deutschen Schachweltmeister Dr. Emanuel Lasker, fin-

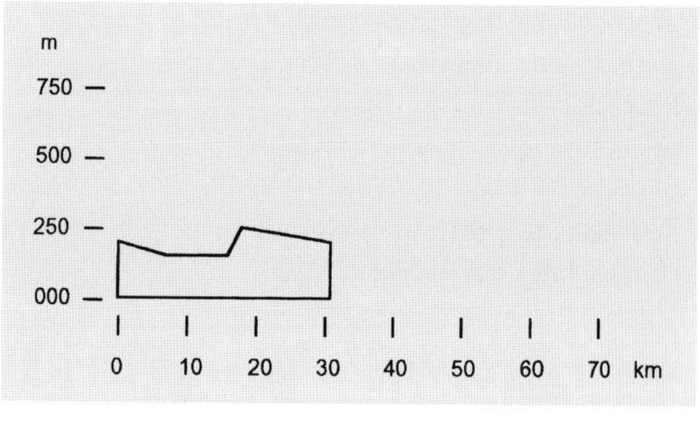

det ein eigener Schachunterricht statt.
Doch damit noch nicht genug, Ehrengäste des Schachdorfes begrüßt man seit drei Jahrhunderten mit einer lebenden Schachpartie. Figuren sind bei Aufführung auf dem 64 m≈ großen »Brett« auf dem Dorfplatz die kostümierten Ströbecker Schüler. Natürlich gibt es auch ein Schachmuseum sowie die Schachfestspiele an Pfingsten.
Ein Pflastersträßchen trägt uns leicht bergab nach *Derenburg*. Richtung Blankenburg halten wir anschließend auf der ebenen Route über die weiten Getreidefelder direkt auf die Harzvorberge zu. Unter dem Waldschopf mit der Ruine Altenburg biegen wir in die Vorfahrtsstraße ein und kurbeln kurz bergan nach *Heimburg*.
Richtung Wernigerode nehmen wir nun ein Stück mit der vielbefahrenen Bundesstraße vorlieb und pedalieren im benachbarten *Benzigerode* auf zügigem Kurs nach *Silstedt*. Dort beachten wir die Beschilderung »Minsleben« und wählen an der Holtemmebrücke geradeaus lenkend die neckische Rüttelstrecke über die Felder mit Brockenblick zurück nach Heudeber.

TIPS

Auskunft:
- *Fremdenverkehrsverband Landkreis Halberstadt Friedrich-Ebert-Straße 42 38820 Halberstadt Tel. (03941) 340*

- *Kurverwaltung Blankenburg Tränkestraße 1 38889 Blankenburg Tel. (03944) 2898*

Anfahrt:
Heudeber ist mit der Bahn erreichbar.

Veranstaltungen:
Schachfestspiele an Pfingsten in Ströbeck.

Sehenswert:
- *Schachmuseum in Ströbeck.*
- *Heimburg: Altenburg; barocke Dorfkirche von 1724.*

Tour 9: Sorge und Elend im Mittleren Harz

INFOS

Charakter: *Gebietstypischer Pedalkurs im zentralen Harz-Hochland mit seiner herben, eigenwilligen Ausstrahlung, südöstlich des Brockens. Teilweise auch beim motorisierten Ausflugsverkehr beliebte Straßenabschnitte, mehrere mitunter spürbare Auffahrten.*

Länge: *34 km.*

Fahrzeit: *2½ Stunden.*

Ausgangspunkt: *Elbingerode, südlich Wernigerode, im Mittleren Harz.*

Höhe des Ausgangspunktes: *490 m.*

Routenverlauf: *Elbingerode – Königshütte (5 km) – Tanne (8 km) – Sorge (2 km) – Elend (8 km) – Elbingerode (11 km).*

Höchster Punkt: *628 m.*

Höhenunterschied: *310 m.*

Konditionelle Anforderungen: *mittel.*

Anschlußtouren: *In Elbingerode Tour 10, in Tanne Tour 23.*

Karte: *Regionalkarte des Niedersächsischen Landesverwaltungsamtes, 1:100.000, Blatt 16 »Der Oberharz und seine Randlandschaften«.*

Das Bodfeld, früher Jagdrevier sowie königlicher Jagdhof und heute Bezeichnung für die Verwaltungsgemeinschaft der Harzer Berg- und Hüttenorte Elbingerode, Königshütte und Rübeland, wird urkundlich schon 935 in der Lebensbeschreibung König Heinrichs I. genannt. Auch vom Eisenerzbergbau und der Verhüttung kennt man diese Bezeichnung.

Wir bremsen vom Bahnhof in *Elbingerode* hinunter ins Dorf und begeben uns links auf die Bundesstraße Richtung Braunlage. Hinter einer Wiesenkuppe rauschen die Räder talwärts nach *Königshütte*. Rothehütte und Königshof waren früher zur Zeit des Erzbergbaus selbständige Ansiedlungen. Von den alten Eisenhütten – die »Rotte Hütte« wurde als letzte in diesem Gebiet gebaut – stammen auch die Ortsnamen.

Am Dorfende wenden wir uns links über die Kalte Bode und genießen die unbeschwerte Fahrt auf dem stillen Sträßchen durch das reizvolle Wiesental der Warmen Bode. Ein traumhaftes Pedaliervergnügen.

In *Tanne* radeln wir das kurze Stück auf der B 242 nach *Sorge*, lassen das idyllische Dörfchen

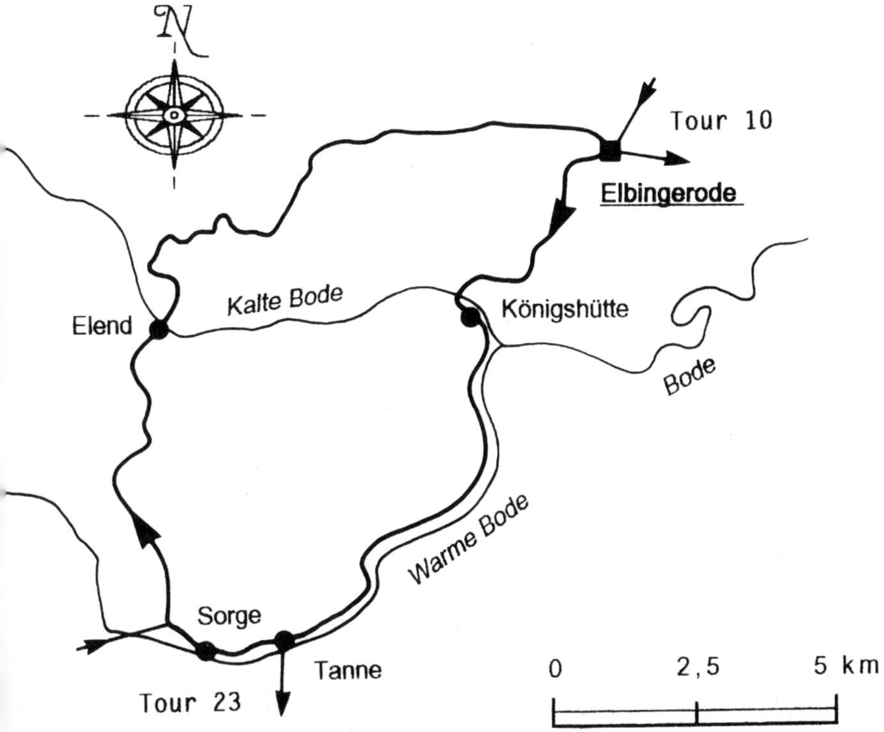

jedoch links liegen. Der Luftkurort geht auf die ehemalige Eisenerzhütte »Niedervogelsfelde« zurück. Der spätere Ortsname bezieht sich auf den Begriff »Zarge«, »die Grenze«. Sorge lag bereits im 15. Jahrhundert an der Grenze zwischen den Besitztümern des Klosters Walkenried, später an der Grenzlinie zwischen Preußen und Braunschweig und schließlich bis 1990 an der »innerdeutschen Grenze«. Am Ortsausgang lädt ein kleiner Wasserfall zu einer Fahrtunterbrechung.

Wollsäcke aus Granit

Auf Radreisen durch die Bergwelt des Harzes werden immer wieder eigenwillig geformte Klippen augenfällig. Manche der bizarren Felsformationen haben die Form von Wollsackburgen. Wie von Riesenhand geschichtet stapeln sich tonnenweise scheinbar rundgeschliffene Granitkloben zu abenteuerlicher Höhe. Einige dieser phantasieanregenden Verwitterungsgebilde nehmen eine recht instabile Lage ein, so zum Beispiel die treffend benannte »Mausefalle« im Okertal.

Entstanden sind die Wollsackklippen durch Bankung und Klüftung des Gesteins während Jahrmillionen. Die Bankung resultiert aus der Druckentlastung während der Abtragung des Deckengesteins. Fugen reißen dabei parallel zur Erdoberfläche auf und trennen einzelne Felspartien voneinander. Frostverwitterung, eine sogenannnte Vergrusung, die von den Längs- und Querklüften ausgeht, sowie eine Zersetzung rundeten die kantigen Blöcke. Das feinere Material wurde weggespült, übrig blieben die granitenen Wollsackklippen. Verstärkt lösten sich während der Eiszeiten einzelne Blöcke vom Verband und gestalteten nach einem Hangfließen unterhalb der Felsen gebietsweise beachtliche Blockmeere.

Wir kurbeln nun, ein paarmal die Harzquerbahn kreuzend, auf einer ebenfalls recht einsamen Route durch lichten Nadelwald und über das erholsame Hochland mit seinem herben Charme nach *Elend*, wo wir abermals die Kalte Bode queren. Die mächtig schnaufende Dampflok gibt unterwegs reizvolle Fotomotive ab.

Seit dem Bau der Harzquerbahn ging es mit der verarmten Region wieder aufwärts, der Fremdenverkehr hielt Einzug. Zuvor sah die Zukunft für die meisten Bewohner nach dem Schließen der Eisenhütte von Elend und der Schierkener Hütte in den frühen sechziger Jahren des 19. Jahrhunderts nicht besonders rosig aus.

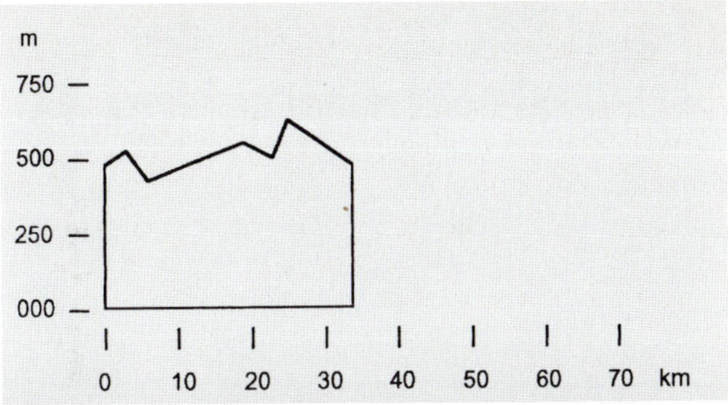

Der Ortsname »Elend« hat allerdings nichts mit den notleidenden Bewohnern zu tun, er soll auf das althochdeutsche »Ali lanti« zurückgehen und »fremdes Land« bedeuten. Der linker Hand aufragende Wurmberg ist der höchste Gipfel des westlichen Harzes. Sein Aussichtsturm bringt es immerhin auf stolze 1001 m Höhe. Richtung Wernigerode treibt uns die Steigung durch den Nadelwald hinauf bald den Schweiß aus den Poren. Auf der Anhöhe, mit 628 m der höchste Punkt der Runde, halten wir uns, in die Vorfahrtsstraße einbiegend, weiterhin an die Route Richtung Wernigerode und genießen anschließend die 10-prozentige, rassige Kurverei nach *Drei Annen Hohne*.

Zuletzt trägt uns ein ruhiges Sträßchen gemütlich talwärts nach *Elbingerode*.

TIPS

Auskunft:

- *Fremdenverkehrsamt Elbingerode*
  Markt 3
  38875 Elbingerode
  Tel. (039454) 2365

- *Kurverwaltung Tanne*
  Schulstraße 2
  38875 Tanne
  Tel. (039457) 3226

- *Gemeindeverwaltung Elend*
  Nr. 70
  38875 Elend
  Tel. (039455) 375

- *Gemeindeverwaltung Sorge*
  Benneckensteiner Straße 6
  38875 Sorge
  Tel. (039457) 3239

Anfahrt:

Elbingerode ist mit der Bahn erreichbar.

Aktivitäten:

Bergbaugeschichtlicher Lehrpfad in Elbingerode und Naturlehrpfad in Tanne. Kremserfahrten mit Pferd und Wagen in Elbingerode.

Sehenswert:

- *Elbingerode: Schloßruine; schöne Fachwerkhäuser; Schaubergwerk Büchenberg und alter Marmorbruch am Hartenberg, nördlich der Stadt.*
- *Tanne: Kurpark mit Alpinum und Köhlerhütten; Heimatstube.*
- *Sorge: Faktorei; Gondelteich; Wasserfall; Freiland-Grenzmuseum.*
- *Alte Holzkirche in Elend.*

Tour 10: Rübelander Tropfsteinhöhlen und Bodetal

INFOS

Charakter: *Ausgedehnte Berg- und Talfahrt an der Nordflanke zwischen Mittlerem Harz und Unterharz, gewürzt mit landschaftlichen, historischen und kulturellen Höhepunkten. Überwiegend mäßig befahrene Nebenstraßen, kurzer Forstwegabschnitt; unterschiedlich schwere Anstiege.*

Länge: *58 km.*

Fahrzeit: *5 Stunden.*

Ausgangspunkt: *Blankenburg, am Nordrand des Mittleren Harzes.*

Höhe des Ausgangspunktes: *200 m.*

Routenverlauf: *Blankenburg – Heimburg (11 km) – Elbingerode (12 km) – Rübeland (4 km) – Altenbrak (13 km) – Treseburg (4 km) – Wienrode (8 km) – Timmenrode (2 km) – Blankenburg (4 km).*

Höchster Punkt: *530 m.*

Höhenunterschied: *750 m.*

Konditionelle Anforderungen: *schwer.*

Anschlußtouren: *In Heimburg Tour 8, in Elbingerode Tour 9, in Treseburg Tour 11.*

Karte: *Regionalkarte des Niedersächsischen Landesverwaltungsamtes, 1:100.000, Blatt 16 »Der Oberharz und seine Randlandschaften«.*

Blankenburg, einst zweite Residenz des Herzogtums Braunschweig, heute moderner Kurort und Moorheilbad, präsentiert dem Besucher eine historische Innenstadt mit mittelalterlichen Straßenzügen sowie Resten der Stadtmauer und Türmen.

Wir steigen am Bahnhof in die Pedale und radeln rechts auf dem Radweg Richtung Wernigerode. Am Stadtrand wollen wir einen Abstecher auf dem etwas anstrengenden Anliegersträßchen hinauf zur berühmten Burgruine Regenstein einlegen. Die einst mächtige Festung mit ihren geheimnisvollen, in die Felsen gehauenen Gewölben und dem stattlichen Bergfried begeistert jung und alt.

Die bewaldete Anhöhe stürzt auf der Nordseite abrupt ab und beschert einen vorzüglichen Tiefblick auf den weiten Kiefernwald sowie schöne Ausblicke hinüber zum Harzrand. In den Aushöhlungen der Sandsteinfelsen ist man auf die Überreste frühgeschichtlicher Ansiedlungen gestoßen. In zwei Kasematten kann man Ausstellungen mit allerlei Fundstücken bestaunen. Die Burgruine Regenstein, ab dem 12. Jahrhundert im Besitz der Regensteiner Grafen, soll bereits im 5. Jahrhundert

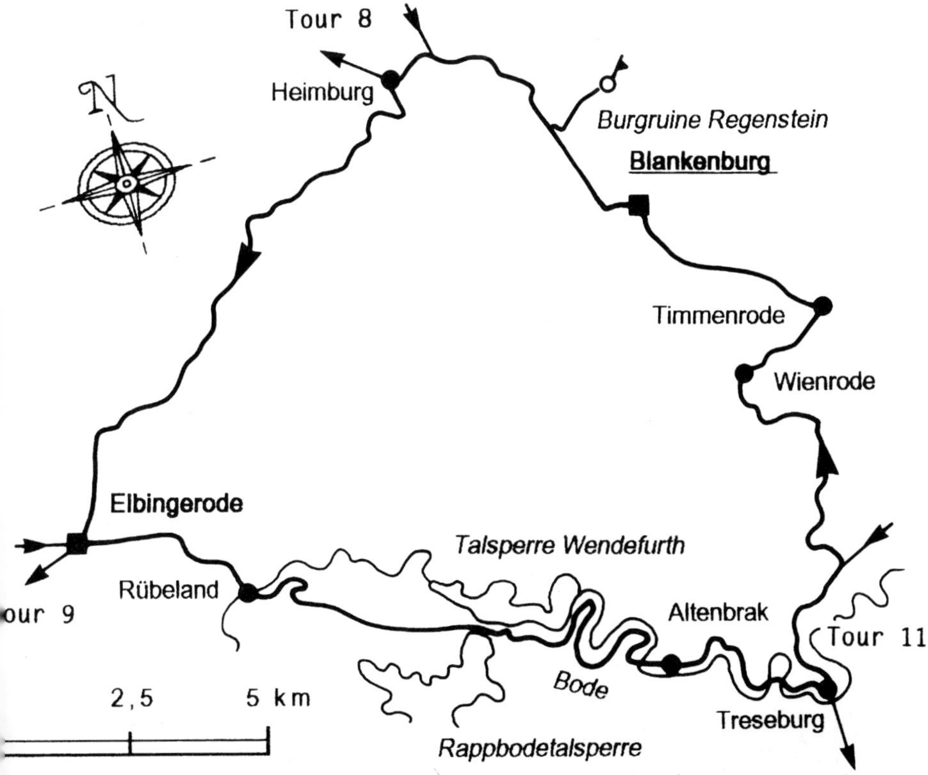

bestanden haben. Zurück auf der Hauptroute Richtung Wernigerode, müssen wir über die Goldbachbrücke hinauf nach *Heimburg* – rechterhand auf dem markanten Waldschopf thront die Altenburg – noch kurzzeitig mit der vielbefahrenen Bundesstraße vorlieb nehmen.

Der Steilaufschwung Richtung Elbingerode schenkt uns einen prächtigen Rückblick auf das einladende Dorf. Nun ermöglicht uns das von Mischwäldern bestandene Drecktal, das seinen Namen ganz zu unrecht trägt, eine angenehme Auffahrt ins Hochland des Mittleren Harzes. Kurz vor Elbingerode bietet sich der kurze Abstecher zum Eisenerz-Schaubergwerk Büchenstein an. 1970 wurden hier die Förderanlagen stillgelegt.

Nach einer gemütlichen Abfahrt vom höchsten Punkt der Tour (530 m) treffen wir in *Elbingerode* ein.

Auf der Bundesstraße talwärts Richtung Blankenburg fahrend geht's an einem Besucherbergwerk vorbei nach *Rübeland*. Dort rollen wir bei der Baumannshöhle auf der Hasselfelder Route über die Bode und mühen uns unter einem Felsenwulst mit dem Eingangsportal der Hermannshöhle durch die anhaltend steilen Mischwaldkehren empor. Ein besonders idyllisches Harzbild gibt dabei die rotgestrichene Rübelander Dorfkirche ab.

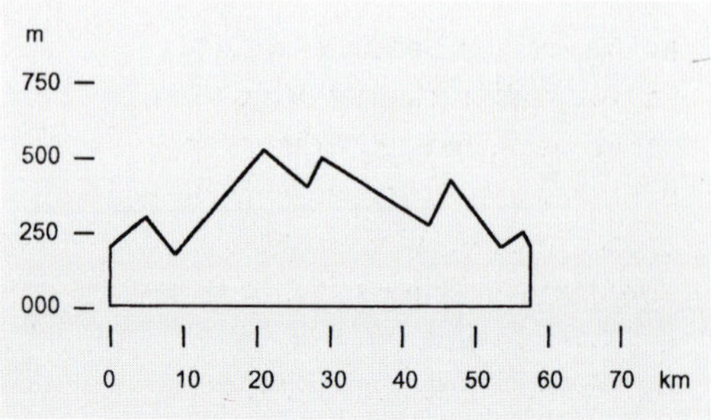

Anschließend beruhigt eine Erholungsetappe unseren Puls wieder auf Normalwerte. Nach dem Tunnel rollen wir über den langen Damm der Rappbodetalsperre mit der 450 m langen und 106 m hohen Sperrmauer, der höchsten der ehemaligen DDR. Nach einer abermaligen kurzen Auffahrt biegen wir Richtung Halberstadt ab und überlassen unsere Untersätze auf der 14-prozentigen Talfahrt der Schwerkraft.

Die Rübelander Tropfsteinhöhlen

Rübeland ist in einem geologisch charakteristischen Gebiet angesiedelt. Man nennt diesen Landstrich Elbingeröder Komplex. Der Lehm konservierte in der Baumannshöhle, der ältesten Schauhöhle Deutschlands, Knochen von Höhlenbären. Bereits vor 40.000 Jahren, also noch in der Altsteinzeit, sollen hier Menschen gehaust haben. Prächtig zeigt sich der nach einem Besuch des großen deutschen Dichters bezeichnete Goethesaal. Während des fast 70 m tiefen Erlebnisgangs stößt man auf viele glänzende Tropfsteinfiguren in phantastischen Grotten.

Erst im 19. Jahrhundert entdeckte man die Hermannshöhle. In ihrem 1200 m langen Gang erfreuen den Höhlenbesucher ebenfalls schöne Tropfsteinformationen. Eine Rarität dieser geheimnisvollen Unterwelt sind aus einem jugoslawischen Karstgebiet hierher gebrachte Grottenolme, die sich in dem märchenhaften Olmensee recht wohl fühlen. Die Schwanzlurche haben dem Höhlensee seinen Namen gegeben. Ein weiterer Höhepunkt der Hermannshöhle ist die Kristallkammer, eine Halle mit makellos weißen Kristallgebilden.

In *Wendefurth* beachten wir noch vor der Flußbrücke den Wegweiser »Präsidentenweg, Altenbrak«. Ein erholsamer Forstweg trägt uns an der liebenswerten Bode entlang durch das verschwiegene, buntgemischte Waldtal. Im Luftkurort Altenbrak mit den sehenswerten, alten Häusern fahren wir über die Bodebrücke und schwenken rechts in die Vorfahrtsstraße ein. Das wildromantische, felsengeschmückte Tal überrascht uns nun mit einer beschaulichen und unvergeßlichen Fahrt nach *Treseburg*. Gewiß eine der schönsten Etappen im gesamten Harz.
Treseburg ist ein verträumtes Dörfchen mit einem alten Bergbaustollen am Ortsende. Die naturnahe Bode fasziniert immer wieder aufs neue. Man sollte ruhig ein paarmal anhalten, um die Stimmung dieses einzigartigen Flußtals so richtig auskosten zu können. Wir folgen der Vorfahrtsstraße, die das erste Stück über den rutschgefährdeten Hang hoch als Einbahnstraße in Gegenrichtung das Schieben des Untersatzes verlangt. Oberhalb an der Straßengabelung rauschen die Räder Richtung Blankenburg die lange, elegante Waldabfahrt hinunter nach *Wienrode*. Dort orientieren wir uns am Weg-

TIPS

Auskunft:

- *Kurverwaltung Blankenburg*
  Tränkestraße 1
  38889 Blankenburg
  Tel. (03944) 2898
- *Fremdenverkehrsamt Elbingerode*
  Markt 3
  38875 Elbingerode
  Tel. (039454) 2365
- *Gemeindeverwaltung Rübeland*
  Blankenburger Straße 35
  38889 Rübeland
  Tel. (092794) 9132, 9107
- *Kurverwaltung Altenbrak*
  St. Ritter 17
  38889 Altenbrak
  Tel. (039456) 205
- *Gemeindeverwaltung Wienrode*
  Steinweg 4
  38889 Wienrode
  Tel. (09278) 2971
- *Gemeindeverwaltung Timmenrode*
  Blankenburger Straße 56
  06502 Timmenrode
  Tel. (03947) 2373

Anfahrt:

Blankenburg ist mit der Bahn erreichbar.

Aktivitäten:

Bergbaugeschichtlicher Lehrpfad in Elbingerode; Naturlehrpfad Altenbrak-Treseburg und Naturlehrpfad Feldflies in Altenbrak. Kremserfahrten mit Pferd und Wagen in Elbingerode. Bootfahren auf der Rappbodetalsperre und auf dem Ruderteich in Altenbrak-Wendefurth. Baden im Seelein in Timmenrode.

TIPS

Veranstaltungen:
Grasedanz während der Heuernte in Rübeland. Harzer Jodlerwettstreit im September in Altenbrak.

Sehenswert:

- *Blankenburg: Großes und Kleines Schloß mit Terrassengarten und Heimatmuseum (Entwicklung des Bergbaus und Hüttenwesens, Talsperrensystem Bodewerk, Ausgrabungsfunde, Exponate der Harzer Volkskunst); Rathaus von 1233 mit eingemauerten Kanonenkugeln aus dem Dreißigjährigen Krieg; Bergkirche St. Bartholomäus; Rabewarte; Reste der Stadtmauer mit Türmen, beispielsweise dem Taubenturm; einzige historische Gesellenherberge Deutschlands mit dem Herbergsmuseum; Festung und Felsenburg Regenstein (älteste deutsche Steinburg) nördlich der Stadt; ehemaliges Zisterzienserkloster Michaelstein (mit prächtigem Konzertsaal, Instrumentenmuseum, Telemann-Archiv und Klosterkonzerten) westlich der Stadt; Teufelsmauer südöstlich der Stadt.*
- *Heimburg: Altenburg; barocke Dorfkirche von 1724.*
- *Elbingerode: Schloßruine; schöne Fachwerkhäuser; Schaubergwerk Büchenberg und alter Marmorbruch am Hartenberg nördlich der Stadt.*
- *Rübeland: Rübelander Tropfsteinhöhlen Baumannshöhle und Hermannshöhle.*
- *Rappbodetalsperre zwischen Rübeland und Altenbrak.*
- *Altenbrak: Heimatstube; Tunnel und Äquadukt an der Bodeschleife; Amtshaus; Alte Wasserbrücke; Wasserfall.*
- *Alte Burganlage oberhalb Treseburg.*
- *Wienrode: Kirche mit Grundmauern aus dem 9. Jahrhundert, ehemaliger Braunkohletagebau.*

weiser »Thale« und bekommen in *Timmenrode* am Badeseelein noch die Möglichkeit zu einer kleinen Erfrischung geboten, bevor sich unser Erlebniskurs über die Kuppe nach *Blankenburg* schließt.
Wer noch überschüssige Kräfte verspürt, der kann unterwegs die im Wald versteckten Felsgebilde der Teufelsmauer besuchen. Die Sandsteinhärtlinge mit ihrem Hauptgipfel, dem Großvater, laden zu einem anregenden und aussichtsreichen Gang auf der Weganlage über die Kammhöhe.

Tour 11: Über die Roßtrappe zum Ramberg

Thale war vor dem Bau der Rappbodetalsperre, die in erster Linie für die Trinkwassergewinnung angelegt wurde, von verheerenden Hochwassern bedroht. Das lebendige Städtchen am Austritt der Bode aus dem Unterharz, weist innerhalb des Stadtgebietes Höhenunterschiede bis zu 300 m auf. Diese Tatsache bekommt der Radwanderer auf seinem Weg hinauf in die Berge auch deutlich zu spüren. Gelegenheit zum Warmradeln gibt es auf diesem Tourenvorschlag keine.

Wir halten uns vom Bahnhof auf der Bahnhofstraße zur Kirche und orientieren uns an der Beschilderung »Roßtrappe«. Der knackige Bergkurs über den Mischwaldhang empor versetzt den noch kalten Wadenmotor etwas in Aufruhr. Wer nur selten im Sattel sitzt, tut sich gewiß nichts Gutes, wenn er sich von falschem Eifer beseelt auf diesem hartnäckigen Steilkurs überfordert. Von der Anhöhe biegen wir zum Berghotel Roßtrappe ab. Kurz nach der Abzweigung zeugt der Heidenwall von der Absicherung einer frühgeschichtlichen Wallburg auf der Roßtrappe. Dieser Wall soll bereits in der Jungsteinzeit bestanden haben. Vom Hotel haben wir zu Fuß auf

INFOS

Charakter: *Sportliche Erlebnistour im nördlichen Unterharz von landschaftlich herausragendem Reiz. Mäßig befahrene Straßen; zwei lange Auffahrten, eine davon sehr anstrengend. Traumabfahrt!*

Länge: *48 km.*

Fahrzeit: *4 Stunden, Fußabstecher zur Roßtrappe und zur Teufelsmauer zusätzlich insgesamt 1 Stunde Gehzeit.*

Ausgangspunkt: *Thale, an der Bode, am Nordrand des Unterharzes.*

Höhe des Ausgangspunktes: *180 m.*

Routenverlauf: *Thale – Treseburg (13 km) – Allrode (7 km) – Friedrichsbrunn (5 km) – Bad Suderode (10 km) – Neinstedt (5 km) – Thale (8 km).*

Höchster Punkt: *570 m.*

Höhenunterschied: *610 m.*

Konditionelle Anforderungen: *schwer.*

Anschlußtouren: *Zwischen Thale und Treseburg Tour 10, in Allrode Tour 12.*

Karte: *Regionalkarte des Niedersächsischen Landesverwaltungsamtes, 1:100.000, Blatt 16 »Der Oberharz und seine Randlandschaften«.*

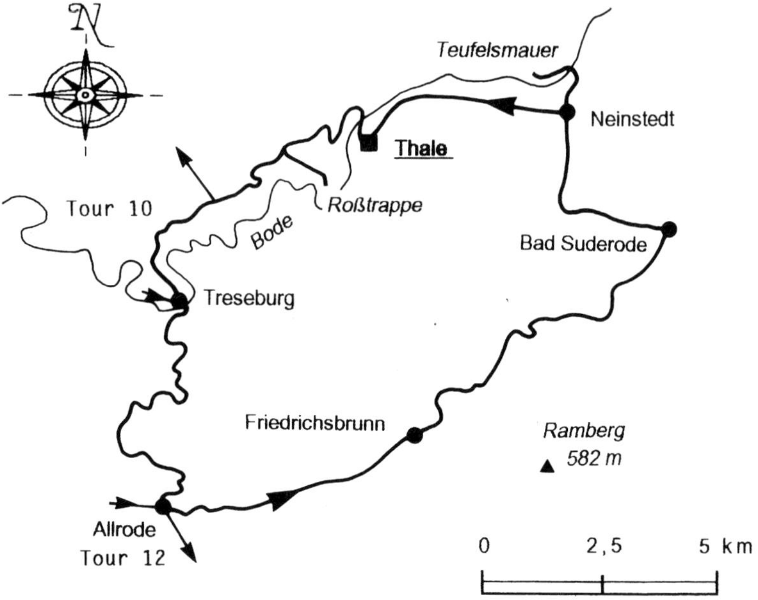

dem leicht talwärts führenden Wanderweg noch ein Viertelstündchen zu gehen, bis wir den jäh abstürzenden und etwas übertrieben abgesicherten Felsvorsprung der *Roßtrappe* mit dem kitzligen Tiefblick zur wild schäumenden Bode und den zwei winzigen Häuschen erreicht haben. Wir stehen auf einem der anregendsten Aussichtspunkte im Harz. Verwegene Bergsteiger haben das recht exponierte Felsendach über dem gähnenden Abgrund mit einem Gipfelkreuzchen geschmückt. Herrliche Mischwälder aus Buchen und Eichen, Ahorn und Linden, Eiben und Kiefern flankieren die mächtigen, klippenreichen Talseiten – eine fesselnde, unberührte Wildnis. Man trifft hier die unterschiedlichsten Pflanzengesellschaften an. Gegenüber am Westabbruch des Rambergs der ausgesetzte Hexentanzplatz mit

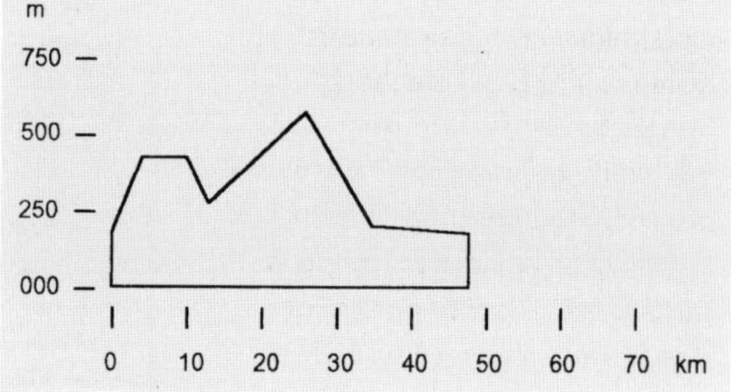

der Seilbahn. Von dem sagenhaften Blick hoch überm Bodetor hinaus aufs Harzvorland kündete schon Theodor Fontane in seinem Roman »Cecilie«.
Zurück auf der Hauptroute, gleiten die Untersätze Richtung Treseburg gemütlich durch den Wald talwärts. Wir schwenken in die Straße nach Güntersberge ein und bremsen auf der kurzzeitig als Einbahnstraße verlaufenden Route über den steilen, rutschgefährdeten Hang hinunter ins romantisch gelegene *Treseburg*.
An der Luppbode entlang, einem quicklebendigen Bächlein, kurbeln wir auf dem zwar nur mäßig steilen aber anhaltend steigenden und kurvenreichen Sträßchen durch das reizvolle Mischwaldtal nach *Allrode*.
Richtung Thale geht's nun über Wiesen und Felder nach *Friedrichsbrunn*. Der hochgelegene Kurort war in alten Zeiten ein preußisches Kolonistendorf mit Holzfällern und Steinhauern, Köhlern und Stockmachern.
Später handelten die Bewohner mit Weihnachtsbäumen bis hinauf zur Nordsee und nach Berlin.
Wir mühen uns durchs langgezogene Dorf hinauf und kommen dabei am Friedrichsbrunnen vor-

TIPS

Auskunft:

- *Thale-Information*
  Rathausstraße 1
  06502 Thale
  Tel. (03947) 2597

- *Kurverwaltung Friedrichsbrunn*
  Hauptstraße 116
  06507 Friedrichsbrunn
  Tel. (039487) 287, 288

- *Gemeinde Bad Suderode*
  Rathausplatz 1/2
  06507 Bad Suderode
  Tel. (039485) 291

Anfahrt:
Thale ist mit der Bahn erreichbar.

Aktivitäten:
Bootfahren auf dem Gondelteich in Thale.

Sehenswert:
- *Thale: Wendhusenturm; Altweiberbrunnen; Andreaskirche; Hüttenmuseum mit Hüttenkapelle; Hexentanzplatz mit Tierpark (unter anderem früher hier heimische Raubtiere), Walpurgishalle (Darstellungen des Hexensabbats) und Naturbühne sowie Roßtrappe mit Heidenwall südlich der Stadt.*
- *Alte Burganlage oberhalb Treseburg.*
- *Friedrichsbrunn: Friedrichsbrunnen; Eiszeitstein.*
- *Preußische und Anhaltinische Saalsteine im Kaltental.*
- *Burgruinen von Stecklenberg.*
- *Naturschutzgebiet Teufelsmauer nördlich Neinstedt.*

bei. Hier ließ sich schon der Preußenkönig Friedrich der Große im Sommer 1754 zu einer Rast nieder. Auf der Höhe des Rambergs, mit 570 m der höchste Punkt unserer Unternehmung, hal-

Sprung über den Cañon und Hexentanz

An der Kante des Rappbodefelsens, ehemals germanische Kultstätte, kann der Besucher einen pferdehufähnlichen Abdruck im harten Granitstein erkennen. Der Roßtrappesage nach soll das Pferd der kühnen Königstochter Brunhilde auf der Flucht mit ihrem Geliebten Selmar vor dem Ritter Bodo diesen Hufabdruck hinterlassen haben, als die beiden zum gewagten Sprung über den gähnenden Felsenschlund ansetzten.

Der betrunkene Verfolger hatte sich verrechnet, er donnerte in die Tiefe, jedoch ohne aufzuschlagen. Seit diesem Tage ist Bodo dazu verbannt, in einen schwarzen Hund verzaubert, die mit ihm gefallene Krone der Brunhilde zu bewachen. Diese liegt am Grunde des Kronensumpfs nahe des Goethesteins. Zu mitternächtlicher Zeit soll manchmal das gellende Geheule dieses Riesenhundes das Bodetal erzittern lassen.

Unterhalb, in den steil abbrechenden Granitwänden, befinden sich die Schallhöhle und die Zinnoberhöhle. Die Bode grub hier einen bis zu 250 m tiefen Cañon in das widerstandsfähige Felsbett. Für Geologen ist das den Wanderern zugänglich gemachte und unter Naturschutz stehende Tal von großem Interesse. Bereits Goethe betrieb im Bodetal einst seine geologischen Studien. In der Tiefe des Berges verläuft der rund 7 km lange Bodegang, der aus zwei parallel verlaufenden Quarzporphyrgängen besteht und über die Gewitterklippen hinüber nach Wendefurth führt.

Auf der anderen Seite des Bodetals steht der Roßtrappe der berühmte Hexentanzplatz gegenüber. Die Bezeichnung stammt aus dem Mittelalter. Am Steilhang des Hexentanzplatzes, einer vorgeschichtlichen Kultstätte, entstand 1903 das Harzer Bergtheater, eine der schönsten Naturbühnen der ehemaligen Demokratischen Republik. In der Walpurgisnacht, der Nacht vom 30. April zum 1. Mai, sollen die hier versammelten Hexen auf ihren Besen zur wilden Jagd auf den Brocken starten, um mit dem Teufel ihr dämonisches Fest zu feiern. Wer sich eingehender mit dem Hexensabbat beschäftigen möchte, findet anschauliches Material dazu in der Walpurgishalle.

ten wir uns Richtung Quedlinburg. Die nun ansetzende recht flotte Mischwaldabfahrt durchs lange Kalte Tal hebt uns in den siebten Radhimmel. Wir kommen während des unvergeßlichen Gleitflugs an den Preußischen – und Anhaltinischen Saalsteinen vorbei. Diese Granitklippen teilten den Unterharz früher in einen preußischen und anhaltinischen Anteil. Noch zwei Solquellen am Wegesrand und *Bad Suderode* ist erreicht.
In dem ansehnlichen Dorf am Fuße des Harzes steuern wir Richtung Neinstedt über eine Kuppe und kommen nach *Stecklenberg*. Die Stecklenburg hatte früher die Funktion einer Straßenüberwachung. Sie sollte die Kaufleute auf ihrem Weg von Magdeburg nach Nordhausen vor raublustigen Gesellen schützen. Die Burgherren nützten dieses Vertrauen angeblich aus und erhoben schmerzliche Schutzgelder.
Die Beschilderung »Quedlinburg« weist uns hinüber nach *Neinstedt*. Dort sollte man Richtung Weddersleben über die Bodebrücke keinesfalls auf die Zugabe des kleinen Hakens zur phantasieanregenden Teufelsmauer verzichten. Am Beginn des Wanderweges steht sogar eigens für die Drahtesel ein Unterstand bereit. In einer Viertelstunde Gehzeit erreicht man die langgestreckte und hochkant gestellte, geschwärzte Felstafel. Der Volksmund nennt die scharf geschnittene, wild zerhackte Schneide, Gegenstück zur deutlich höher gelegenen, bereits bei Tour 10 erwähnten Blankenburger Teufelsmauer, Adlerklippen. Manche der gigantischen Türme und Hörner drohen gar umzustürzen. Ein besonderes Gegenstück sind die weichen Sandpartien am Felsfuß. Gesäumt werden die bizarren Formationen zudem von einer beachtenswerten Zwergstrauchheide und Trockenrasenvegetation. Wegen der sowohl geologischen als auch botanischen Bedeutsamkeit hat die Preußische Regierung diesen Flecken Wildnis bereits im Jahre 1852 unter Schutz gestellt. Ihm kommt somit der Rang des ersten deutschen Naturschutzgebietes zu. Imponierend gestaltet sich auch ein Gang entlang der Nordseite mit Tiefblicken auf Weddersleben und die Warnstedter Windmühle sowie Ausblicken hinüber ins Städtchen Thale und zum Harzaufschwung.
Wieder zurück in Neinstedt, trägt uns der Radweg durchs Bodetal hinein nach *Thale*.

Tour 12: Im zentralen Unterharz

INFOS

Charakter: *Hügeliger Zickzackkurs über das östliche Harzhochland. Teilweise auch beim motorisierten Ausflugsverkehr beliebte Straßenabschnitte, viele kurze Anstiege.*

Länge: *50 km.*

Fahrzeit: *4 Stunden.*

Ausgangspunkt: *Straßberg, im Selketal, südwestlich Harzgerode.*

Höhe des Ausgangspunktes: *360 m.*

Routenverlauf: *Straßberg – Silberhütte (5 km) – Breitenstein (15 km) – Stiege (8 km) – Allrode (7 km) – Güntersberge (6 km) – Straßberg (9 km).*

Höchster Punkt: *530 m.*

Höhenunterschied: *430 m.*

Konditionelle Anforderungen: *mittel.*

Anschlußtouren: *Zwischen Straßberg und Auerberg Tour 13, in Auerberg Tour 27, in Stiege Tour 24, in Allrode Tour 11.*

Karte: *Regionalkarte des Niedersächsischen Landesverwaltungsamtes, 1:100.000, Blatt 16 »Der Oberharz und seine Randlandschaften«.*

Vom Bahnhof in *Straßberg* geht's über die Selkebrücke und Richtung Harzgerode auf gemütlicher Fahrt durch das schöne Flußtal nach *Silberhütte*. Der neckische Waldaufschwung auf der Route nach Neudorf verlangt daraufhin einen zuversichtlichen Antritt. Wir schwenken rechts in die Vorfahrtsstraße ein und können unserem Speichengaul auf der zügigen Strecke durch das ausgedehnte Waldgebiet mal so richtig die Sporen geben.

Unterwegs erkennt man neben der Straße Richtung Stolberg Reste eines Grabens. Es ist der Silberhütter Kunstgraben. Dieser wurde wie auch die so bezeichneten Kunstteiche in dieser Gegend für die zusätzliche Wasserversorgung des um 1900 zum Erliegen gekommenen Bergbaus zwischen Harzgerode und Straßberg angelegt. Zum Abbau kamen Kupferkies, Zinkblende, Bleiglanz, Flußspat, Siderit und Pyrit. Der einst 25 km lange Kunstgraben überwindet fünf Wasserscheiden und bewältigt einen Höhenunterschied von rund 150 m. Heute erfreuen die Teiche unter anderem das badelustige Radfahrervolk.

Im Weiler *Auerberg* lohnt sich der kleine Abstecher zum Großen

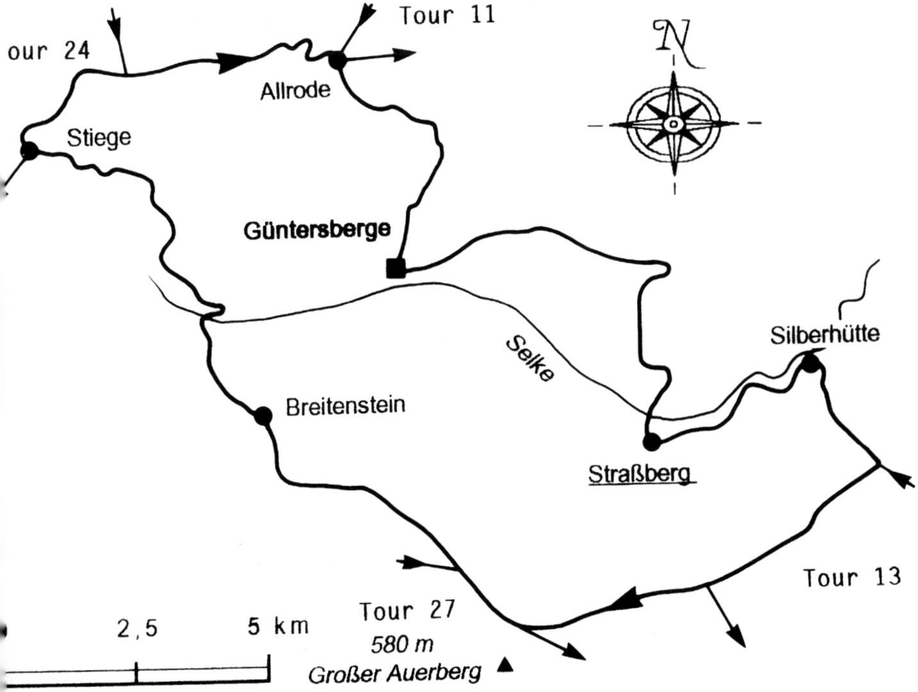

Auerberg. Auf dem Gipfel eröffnen die 200 Stufen der Wendeltreppe zur Aussichtsplattform des 38 m hohen Josephskreuzes eine weitreichende Ausschau.
An der folgen Straßenverzweigung fahren wir Richtung Hasselfelde und kommen nach *Breitenstein*, das in einer weiten Wiesenmulde liegt. Oben im benachbarten kleinen Ort *Friedrichshöhe* folgt eine kleine Talfahrt. Anschließend rollen wir über die Selkebrücke und radeln ausnahmsweise mal ein Stück auf der Bundesstraße weiterhin Richtung Hasselfelde. Nach einer mäßig steilen Auffahrt bremsen wir vom höchsten Routenpunkt (530 m) durch die scharfen Kurven hinunter nach

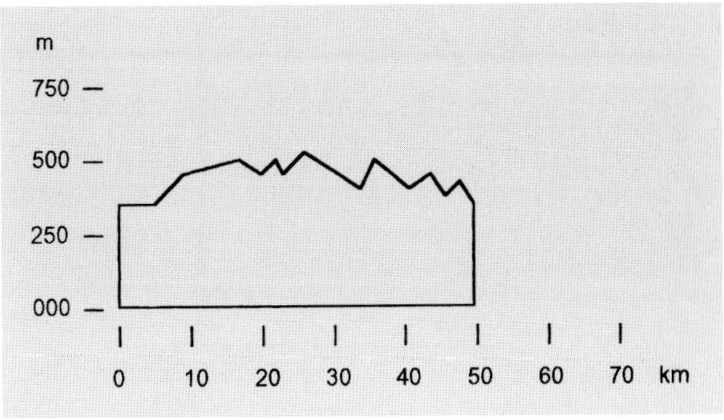

TIPS

Auskunft:

- *Gemeindeverwaltung Straßberg
Kirchstraße 83
06493 Straßberg
Tel. (039489) 201*

- *Gemeindeverwaltung Breitenstein
Hüttenstraße 78
06547 Breitenstein
Tel. (034654) 412*

- *Fremdenverkehrsverein Stiege
Lange Straße 10
38899 Stiege
Tel. (039459) 229*

- *Tourist-Information Güntersberge
Friedensstraße 105
06507 Güntersberge
Tel. (039488) 321*

Anfahrt:
Straßberg ist mit der Bahn erreichbar.

Aktivitäten:
Pferdekutschfahrten in Güntersberge. Bootfahren auf dem Ruderteich in Stiege und auf dem Bergsee (Baden) in Güntersberge.

Sehenswert:

- *Silberhütter Kunstgraben zwischen Silberhütte und Breitenstein.*
- *38 m hohes Josephskreuz auf dem Großen Auerberg mit Aussichtsplattform.*
- *Stiege: Schloß; kleinste Bahn-Wendeschleife Europas am Bahnhof; Naturdenkmal Alte Eiche; Selkequelle und Ruinenreste der Selkekirche südöstlich des Ortes.*
- *Güntersberge: Rathaus aus dem 17. Jahrhundert mit anhaltinischem Wappen.*

Stiege. Sehenswert in dem Erholungsort ist unter anderem die kleinste Wendeschleife Europas, die die Selketalbahn mit der Harzquerbahn verbindet.
Man hält sich am See entlang und Richtung Braunlage. Am Ortsende geht's kurz bergan und auf einem stillen Sträßchen durch ein erholsames Mischwaldgebiet nach *Allrode*, das wir zuletzt über ein Bachtälchen mit einem kleinen Aufschwung erreichen. Nochmals läßt uns ein kurzer Anstieg stärker in die Pedale treten, bevor uns eine Alleestraße über Wiesen und Felder und durch den Weiler *Bärenrode* mit Weiher hinüber nach *Güntersberge* trägt, der kleinsten Harz-Stadt von Sachsen-Anhalt. Wieder sind wir im Selketal.
Richtung Harzgerode kurbeln wir auf der B 242 erneut bergwärts. Schön ist der Rückblick auf das in Waldeshöhen eingebettete Städtchen. Über ein Waldtälchen geht's weiter nach *Siptenfelde*. Ein letztesmal für heute heißt es nun kräftig in die Pedale treten, dann kutschieren wir über das abwechslungsreiche Hügelland mit einer abschließenden Talfahrt zurück nach *Straßberg*.

Tour 13: Zwischen Selke und Wipper

Startpunkt ist der Bahnhof in *Harzgerode*. Wir fahren am Bauhof vorbei zur Kirche hinauf und wählen rechts die Oberstraße. Nach kurzer Abfahrt orientieren wir uns am Wegweiser »Stolberg«. Ein kleines Stück bergan nehmen wir mit der Bundesstraße vorlieb, bevor wir im Wald nach *Neudorf* abbiegen. Im Ort beachten wir den Wegweiser »Silberhütte« und schwenken links in die Vorfahrtsstraße ein.

Auf der zügigen Route durch das Waldgebiet sollte man die Abzweigung Richtung Roßla nicht versäumen. Nach reizvoller Kurverei kommen wir nach *Hayn*. Weiter geht's über Felder auf der Straße nach Rottleberode, die wir in einem Bachtälchen Richtung Sangerhausen verlassen. Eine erholsame Talfahrt führt uns anschließend nach *Wolfsberg* mit dem auffallenden Zwiebelturm-Kirchlein. Über *Paßbruch* nach *Rotha* begeistert uns eine neckische, hügelige Kurverei.

Nach einer erneuten, diesmal längeren aber wenig anstrengenden Auffahrt von *Horla* biegen wir etwa 2 km nach der Linkskurve auf der Waldkuppe in das erste links abzweigende Forststräßchen ein und genießen den im mittleren Teil geteerten Einsamkeitstrip stets leicht talwärts nach *Wippra*.

Die Geschichte des Erholungsortes reicht bis in die Zeit Karls des

INFOS

Charakter: *Vergnügliche, mitunter etwas sportliche Kurverei in der Nordostecke des Harzes. Teils einsame, teils mäßig befahrene Straßen; viele kurze Anstiege.*

Länge: *54 km.*

Fahrzeit: *4 Stunden.*

Ausgangspunkt: *Harzgerode, im Unterharz.*

Höhe des Ausgangspunktes: *400 m.*

Routenverlauf: *Harzgerode – Hayn (14 km) – Rotha (10 km) – Wippra (9 km) – Abberode (8 km) – Schielo (7 km) – Harzgerode (6 km).*

Höchster Punkt: *459 m.*

Höhenunterschied: *480 m.*

Konditionelle Anforderungen: *mittel.*

Anschlußtouren: *Zwischen Neudorf und Hayn Tour 12, in Rotha Tour 29.*

Karte: *ADFC-Radtourenkarte, 1:150.000, Blatt 12 Harz/Leinetal oder Freizeitkarte »Der ganze Harz« mit Radwegen, 1:50.000.*

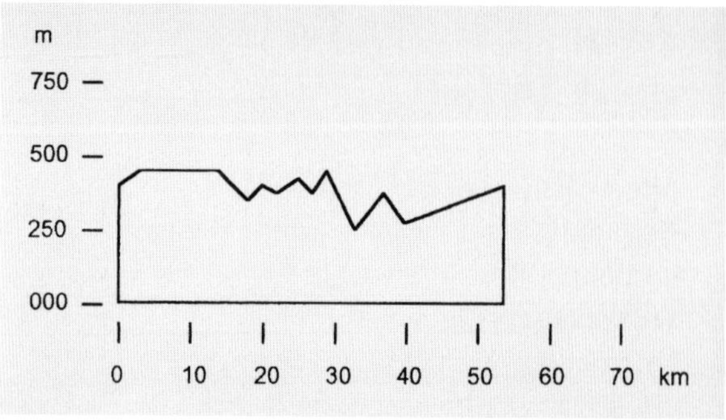

Großen zurück. Urkundlich zum ersten Mal Erwähnung findet der von bodenständigem Handwerk geprägte Ort um 840 als »Uipparaha« im Hersfelder Zehntregister. Die auf der einstmaligen Burg angesiedelten Wippraer Grafen zählten zu den ältesten Grundherrschaften im Harz und wirkten sogar bei wichtigen Entscheidungen am kaiserlichen Hofe mit. Von der Burg sind heute leider nur noch Reste des Mauerwerks und der Wallgraben übrig.

Wir steuern Richtung Harzgerode über die Wipper und mühen uns mit schönem Rückblick auf den ansprechenden, von Waldeshöhen

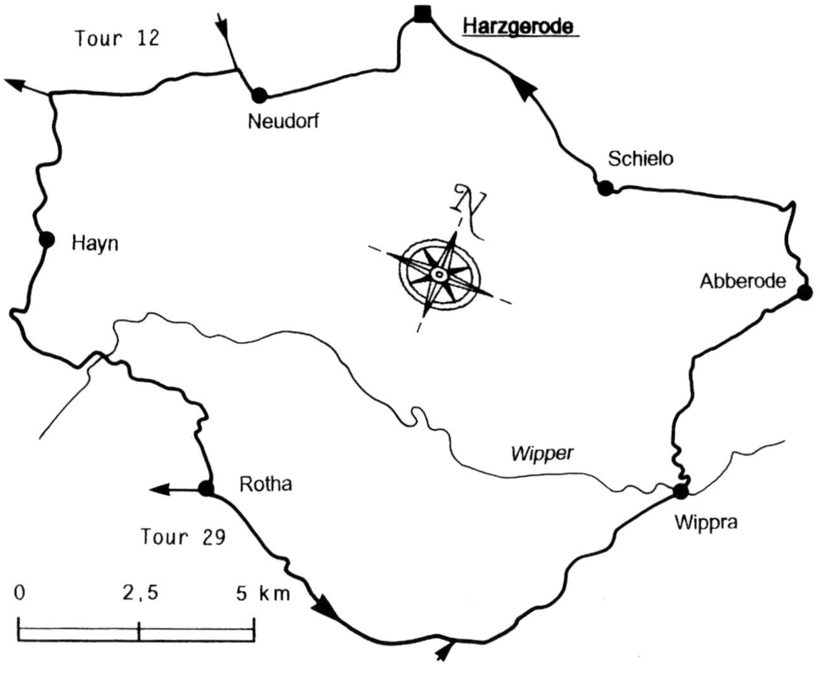

TIPS

Auskunft:

- *Stadtinformation Harzgerode*
  Markt 7
  06493 Harzgerode
  Tel. (039484) 2324, 2301

- *Fremdenverkehrsamt Wippra*
  Fleckstraße 47
  06543 Wippra
  Tel. (034775) 301

- *Gemeindeverwaltung Molmerswende*
  Bürgerstraße
  06543 Molmerswende
  Tel. (034779) 212

- *Gemeindeverwaltung Schielo*
  Hauptstraße 90b
  06493 Schielo
  Tel. (039484) 8104

Anfahrt:
Harzgerode ist mit der Bahn erreichbar.

Aktivitäten:
Kutschfahrten in Harzgerode. Kindereisenbahn Mansfeld-Schleife mit Grubenlok in Wippra.

Sehenswert:

- *Harzgerode: Schloß; Marktplatz mit Fachwerkbauten, Rathaus, Bergmannskirche St. Marien; Heimatstube.*
- *Wippra: Ruinenreste der Wippraer Burg; Heimatmuseum (Dorfgeschichte, Rauchküche).*
- *Molmerswende: Museum im Pfarrhaus (zu Ehren Gottfried August Bürgers, Schöpfer des »Münchhausens«).*

umrahmten Marktflecken die spürbaren Kehren hinauf nach *Popperode*. Nach Kreuzen der Bundesstraße queren wir das Tal der Eine hinüber nach *Abberode*. Dort entscheiden wir uns für die Route Richtung Pansfelde und zweigen bald darauf nach *Molmerswende* ab.
Sanft bergan strampelnd geht's über die Getreidefelder nach Schielo, bevor uns der Mischwald verschluckt und erst kurz vor *Harzgerode* wieder freiläßt.

Tour 14: Am Westabfall des Harzes

INFOS

Charakter: *Entdeckungsreiche und anspruchsvolle Kurbelaktion im »wilden Westen«. Mäßig befahrene Straßen sowie Rad- und Wirtschaftswege, mehrere teils anhaltende und kräftige Steigungen.*

Länge: *56 km.*

Fahrzeit: *5 Stunden, Fußabstecher zur Iberger Tropfsteinhöhle und zur Ruine Stauffenburg insgesamt zusätzlich 1 Stunde Gehzeit.*

Ausgangspunkt: *Seesen, am Westrand des Oberharzes.*

Höhe des Ausgangspunktes: *210 m.*

Routenverlauf: *Seesen – Lautenthal (11 km) – Wildemann (8 km) – Bad Grund (8 km) – Windhausen (11 km) – Gittelde (3 km) – Münchehof (10 km) – Seesen (5 km).*

Höchster Punkt: *500 m.*

Höhenunterschied: *790 m.*

Konditionelle Anforderungen: *schwer.*

Anschlußtouren: *In Lautenthal Tour 1, in Windhausen Tour 18.*

Karte: *Radwanderkarte des Niedersächsischen Landesverwaltungsamtes, 1:75.000, Blatt RC4526 Goslar.*

Vom Bahnhof in *Seesen* nehmen wir die Bahnhofstraße und folgen nach der Kreuzung der Straße »An der Landesbahn«. Der Wegweiser »Hahnenklee - Bockswiese« leitet den knapp 300 m hohen, anfangs mäßig ansteigenden, ab der Schildaubrücke bis zu 15 Prozent steilen Bergkurs durch das mischwaldbestandene Rosental ein. Von der Brücke bietet sich ein Fuß-Abstecher zur Ruine an.
Die durchwegs anstrengende Etappe mit den kraftraubenden Aufschwüngen geht an die Substanz. Vom Sternplatz löst eine ebenfalls 15prozentige Abfahrt durch eine enge Nadelwald-Kehre die schweißtreibende Aktion ab. Im Talgrund der Innerste lenken wir in die Vorfahrtsstraße, hinein nach *Lautenthal.*
In dem reizvoll in grüne Bergeshöhen eingebetteten Harzdorf steuert man Richtung Clausthal-Zellerfeld und kommt am Ortsende an einem riesigen Bergwerksrad vorbei. Hier lohnt sich der Besuch der Bergwerks- und Hüttenschau »Tiefer Sachsenstollen«. Es ist dies das erste europäische Schaubergwerk. Gemütlich geht's nun weiter durch das von Fichtenwäldern flankierte Tal der Innerste nach *Wildemann.* Ein Stück ist der Fluß anschließend

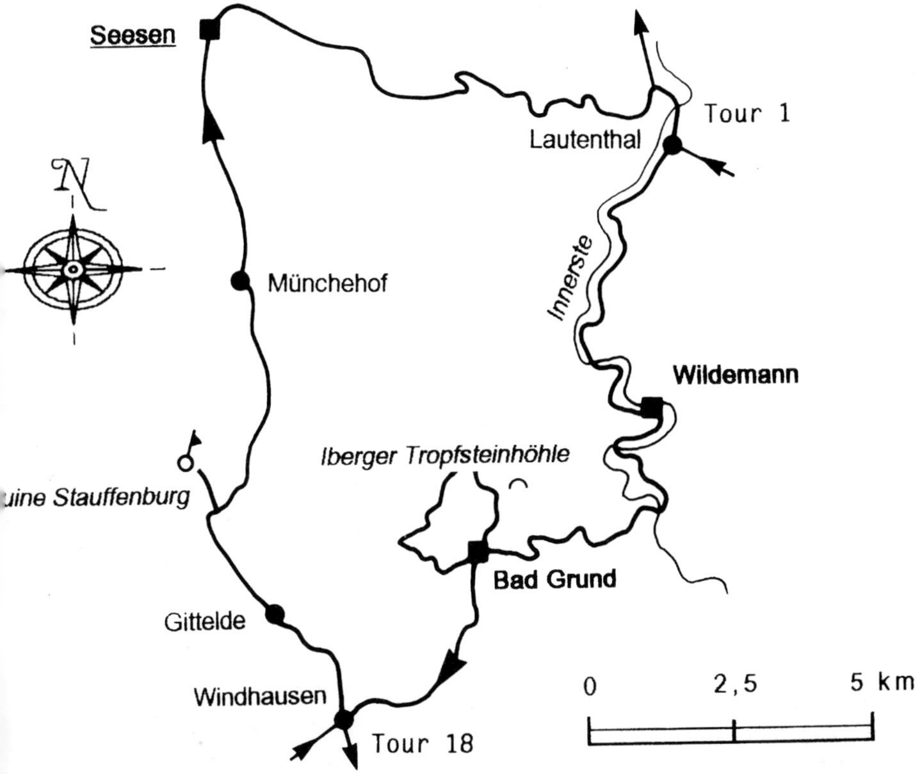

noch unser Begleiter, dann schwenken wir für kurze Zeit auf die Bundesstraße Richtung Seesen ab und kurbeln hinauf zur reizvollen Kuppe des Taternplatzes, mit 500 m Höhe der höchste Punkt unserer Fahrt. Als Krönung folgt eine flotte Abfahrt hinüber nach *Bad Grund.*

Das Moorheilbad ist die älteste der sieben Harzer Bergstädte. Beim Kurzentrum mühen wir uns die Schurfbergstraße bergan und können nun die Fahrt mit dem Fußaufstieg zur bekannten, 150 m

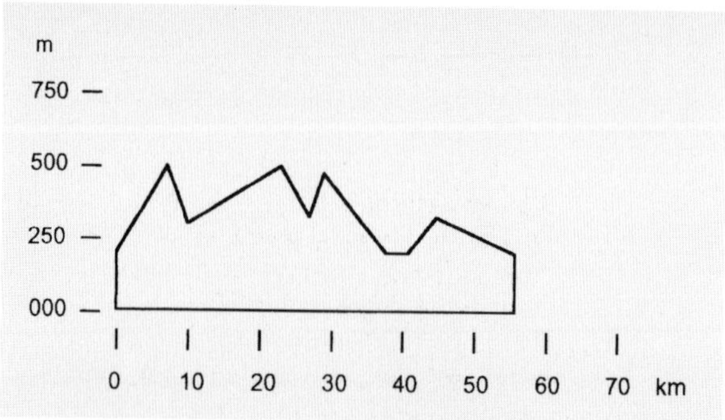

langen Iberger Tropfsteinhöhle unterbrechen. Die Schauhöhle präsentiert unter anderem sagenhafte Stalagmiten und einen steingewordenen Wasserfall. Der Iberg mit seinen vielen Versteinerungen ist ein Korallenriff aus dem Meer des Devon. Leider hat der Kalkstein-Abbau am Winterberg schon nahezu den gesamten Bergstock abgeräumt.
Zurück an der Straße, setzen wir unseren Pedalierkurs in westlicher Richtung fort und biegen an der Kurve am Hübichenstein Richtung Arboretum ab. Um die 40 m hoch aufsteilende Kalkklippe, an deren Fuß früher Eisenerz-Bergbau betrieben wurde, ranken sich Sagen. Ihre Spitze schmückt ein Bronzeadler zum Gedenken an Kaiser Wilhelm I. Wir rollen talwärts zum Weiher im Ortsteil »Am Taubenborn« und kommen über die Kuppe am wahrlich gigantischen Bergwerksturm »Hülfe Gottes« vorbei. Eine 18 Prozent steile Abfahrt trägt uns zurück nach *Bad Grund*.

Dort lenken wir rechts in die Vorfahrtsstraße und folgen dem Radweg nach *Windhausen* am Fuße des Harzes. Nach der Bahnunterführung dirigieren wir unsere Untersätze rechts auf das stille Sträßchen nach *Gittelde* an der Markau. Bei der Kirche leiten uns die Breite Straße und die Lange Straße zur oberen Kirche. Dort folgen wir rechts dem bergwärts führenden Wirtschaftssträßchen. An der Forstwegkreuzung rollen wir ebenfalls rechts talwärts und kurbeln bei den Fischweihern links das Sträßchen und im weiteren Verlauf den Forstweg hinauf zur Ruine Stauffenburg. Das letzte Stück zu dem versteckten Gemäuer müssen wir dabei per pedes zurücklegen. Auf dem Rückweg lassen wir die Räder bei den Fischweihern auf dem Wirtschaftssträßchen weiter talwärts laufen und strampeln an der Verzweigung links auf einem anfangs ansteigenden, stillen Sträßchen mit schönen Ausblicken auf die Harzberge nach *Münchehof*. Von dort trägt uns ein Radweg über *Herrhausen* parallel zur Bundesstraße zurück nach *Seesen*.

TIPS

Auskunft:

- Verkehrsamt Seesen
  Marktstraße 1
  38723 Seesen
  Tel. (05381) 75243

- Kurverwaltung Lautenthal
  Am Kurhaus 2
  38685 Langelsheim
  Tel. (05325) 4444

- Kurbetriebsgesellschaft
  »Die Oberharzer«
  Bohlweg 5
  38709 Wildemann
  Tel. (05323) 6111

- Kurbetriebsgesellschaft Bad Grund
  Clausthaler Straße 38
  37539 Bad Grund
  Tel. (05327) 700710, 700711

Anfahrt:
Seesen ist mit der Bahn erreichbar.

Aktivitäten:
Pferdekutschfahrten in Wildemann. Von Mai bis August jeden Sonntag Schneeballschlacht mit echtem Schnee in Bad Grund.

Veranstaltungen:
Traditionelles Sehusa-Fest am 1. Septemberwochenende in Seesen (größtes Historienfest Norddeutschlands).

Sehenswert:

- Seesen: Sehusa-Burg; schöne Fachwerkbauten; Städtisches Museum; Herzogliches Jagdschloß mit Museum; Wilhelm-Busch-Museum; Heimatmuseum mit geologischer und mineralogischer Abteilung in Rhüden; Ruine im Rosental.
- Lautenthal: Niedersächsisches Bergbaumuseum (Fahrt mit dem »Feurigen Elias« bis in 260 m Tiefe).
- Wildemann: Historische Bergbauanlage 19-Lachter-Stollen (Teil des rund 9 km langen Wasserlösungsstollens zwischen Wildemann und Clausthal).
- Bad Grund: Bergbaumuseum »Rohstoffquelle Harz« auf dem Werksgelände des Knesebeck-Schachtes der Erzgrube »Hülfe Gottes« mit dem 47 m hohen Hydro-Kompressorenturm (Presslufterzeugung); Uhrenmuseum; Arboretum; Wald-Quiz-Pfad auf dem Iberg und Iberger Tropfsteinhöhle nördlich desr Stadt; Hübichenstein westlich der Stadt.
- Ruine Stauffenburg nördlich Gittelde.

Tour 15: Clausthaler Teiche und Sösestausee

INFOS

Charakter: *Dieser abwechslungsreiche Pedalausflug im südwestlichen Oberharz wird hauptsächlich vom Wasser bestimmt: Flüsse und Wildbäche, Stauseen, Weiher und Badeteiche. Überwiegend wenig befahrene Nebensträßchen sowie Forst- und Radwege, kurze Abschnitte auf Bundesstraßen, traumhafte Waldabfahrt.*

Länge: *37 km.*

Fahrzeit: *3 Stunden.*

Ausgangspunkt: *Osterode, an der Söse, am Südrand des Oberharzes.*

Höhe des Ausgangspunktes: *220 m.*

Routenverlauf: *Osterode – Lerbach (4 km) – Buntenbock (7 km) – Clausthal-Zellerfeld (3 km) – Riefensbeek (10 km) – Osterode (13 km).*

Höchster Punkt: *620 m.*

Höhenunterschied: *400 m.*

Konditionelle Anforderungen: *mittel.*

Anschlußtouren: *In Osterode Tour 18, in Clausthal-Zellerfeld Tour 2.*

Karte: *Radwanderkarte des Niedersächsischen Landesverwaltungsamtes, 1:75.000, Blatt RC4526 Goslar.*

Wir kutschieren vom Bahnhof in *Osterode* hinein in die Stadt und geradeaus auf dem Radweg an der Söse entlang. Der Wegweiser »Goslar« leitet uns hinauf zur Bundesstraße, die wir jedoch gleich wieder auf dem Radweg nach *Lerbach* verlassen. Das enge Waldtal erlaubt dem laggezogenen Ferienort mit dem netten Dorfweiher nicht allzuviel Möglichkeit zur Raumgestaltung. Am Ortsende radeln wir an einem alten Bergbaustollen vorbei, der im II. Weltkrieg teils als Luftschutzbunker gebraucht wurde. Er ist heute als Lehrstollen ausgebaut und zeigt Geräte und Werkzeuge.

Das kaum befahrene Sträßchen klettert nun in anstrengenden Kehren unter der Kuckholzklippe bergan. Oberhalb schwenken wir rechts in die B 241 Richtung Goslar ein, die wir jedoch nach der Kuppe am Waldende – linksseitig liegt der Prinzenteich – auf der Zufahrtsstraße zum Feriotel wieder verlassen. Dort nehmen wir den linken Forstweg bergab und rollen kurz darauf auf dem Anliegersträßchen hinunter in den Clausthaler Ortsteil *Buntenbock*.

Nach der Bachbrücke beachten wir an der Gabelung den Wegweiser »Bugenhagen-Haus« und

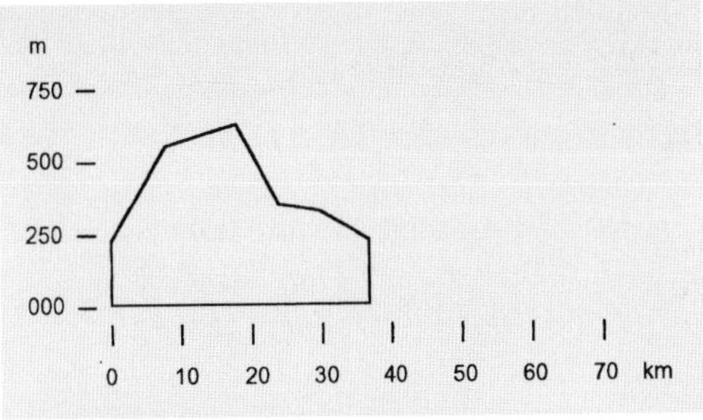

folgen dem Mittelweg und der Ringstraße. In der Kehre oberhalb des Sumpfteichs lenken wir links auf den Forstweg und biegen anschließend abermals links in das Sträßchen nach *Clausthal-Zellerfeld* ein. An der Einmündung lohnt sich rechts der Abstecher zum Pixhaier Teich. Rechts in die Straße »Am Schlagbaum« steuernd halten wir uns kurz darauf Richtung Braunlage und begnügen uns ein kleines Stück durch den Wald mit der B 242. Beiderseits bieten sich mehrere Abstecher zu versteckten Wald- und Wiesenteichen an. Gleich nach der Fahrweg-Abzweigung zur Waldgaststätte Polsterberger Hubhaus wählen wir vom höchsten Punkt unserer Runde (620 m) den hervorragenden Forstweg durch das verschwiegene Huttal. Die lange und vergnügliche Talfahrt durch den Fichten-

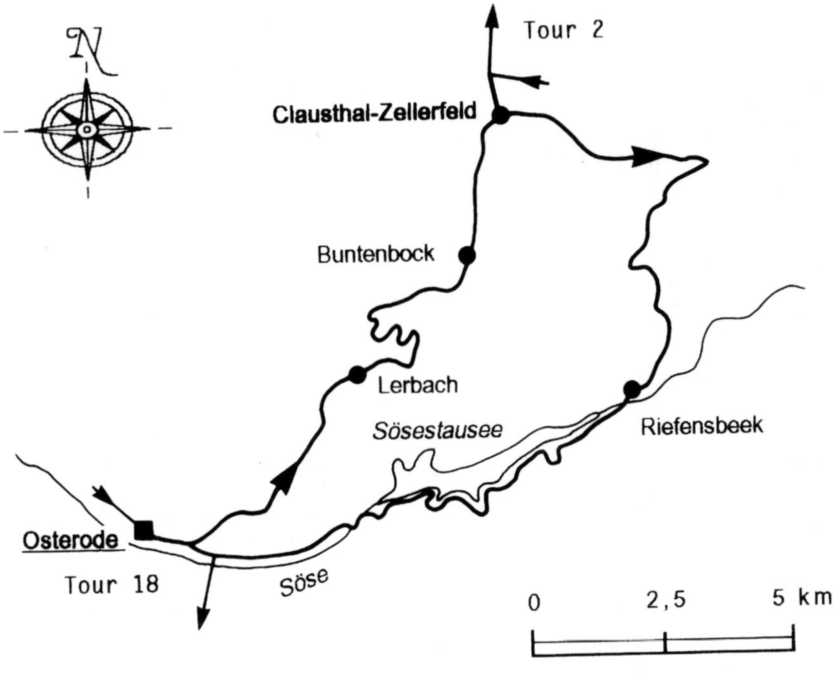

Bergbau und Mineralienfunde

Ausgrabungen haben die Anfänge des Harzer Bergbaus ins 4. Jahrhundert datiert. Den reichen Bodenschätzen ist es zu verdanken, daß bereits im frühen Mittelalter Ansiedlungen im Harz entstehen konnten. Recht bald machte sich die Industrie breit. Der Harz gedieh zu einer der bedeutendsten deutschen Kulturlandschaften.

Am Rammelsberg nahe Goslar fing man bereits vor der Jahrtausendwende nach Silber zu graben an. Als erstes verwendete man das kostbare Metall zur Prägung von Silbermünzen. Das Rammelsberger Silber war einst ein begehrtes Handelsobjekt. Goslar konnte deshalb im 12. Jahrhundert zur Schatzkammer des Deutschen Reiches anwachsen. Sächsische, saalische und staufische Kaiser residierten in der ehrwürdigen Stadt am Nordfuß des Harzes. Die Erzlager des Rammelsberges zählten zu den bedeutendsten der Erde.

Zum Antrieb der Fahrkünste, der Pochwerke und Erzwäschen wurde mehr Wasser benötigt als der natürliche Zufluß des Oberflächenwassers gewährleisten konnte. Die Bergleute schufen deshalb ein umfangreiches System von Teichen, von denen das aufgefangene Regenwasser über angelegte Wassergräben zu den Stollen gelangte. Besonders reich an diesen ehemaligen Bergwerksteichen ist die Gegend um Clausthal-Zellerfeld. Wegen der hohen Gewinnungskosten und des Verfalls der Metallpreise wurde die Förderung der Harz-Bergwerke zu Beginn des 20. Jahrhunderts eingestellt. Rammelsberg stellte seinen Betrieb als vorletztes Unternehmen 1988 ein. Das einzige noch fördernde Bergwerk des Westharzes ist die Grube »Hülfe Gottes« in Bad Grund.

Die verschiedenen Arbeitsschritte des Bergbaus von der Förderung bis zur Verhüttung findet man anschaulich an einzelnen Modellen im Oberharzer Bergwerksmuseum einschließlich seiner sehenswerten Außenstationen in Clausthal-Zellerfeld erklärt.

In alten Bergwerksstollen und Höhlen, auf Blockhalden und in Felsengärten gehen leidenschaftliche Mineraliensammler aus aller Welt auf die Suche nach funkelnden Schmuckstücken: Quarz und Glimmer, Granat und Malachit. Wer Glück hat, entdeckt vielleicht gar einen Schwarzen Turmalin.

TIPS

Auskunft:

- *Fremdenverkehrsamt Osterode
Eisensteinstraße 1
37520 Osterode
Tel. (05522) 318332*

- *Kurverwaltung Lerbach
Friedrich-Ebert-Straße 94
37520 Lerbach
Tel. (05522) 4447*

- *Kurbetriebsgesellschaft
»Die Oberharzer«
Bahnhofsstraße 5a
38678 Clausthal-Zellerfeld
Tel. (05323) 81024*

- *Kurverwaltung
Riefensbeek-Kamschlacken
Untere Herrentalstraße 2a
Tel. (05522) 4126*

Anfahrt:

Osterode ist mit der Bahn erreichbar.

Aktivitäten:

Fischereilehrpfad am Sösestausee-Südufer, Forstlehrpfad und geologischer Lehrpfad in Clausthal-Zellerfeld; Waldschadens-Lehrpfad an der Alten Riefensbeek und Waldlehrpfad bei Riefensbeek am Vorbecken der Sösetalsperre. Kutschfahrten in Clausthal-Zellerfeld. Badegewässer Ziegenberger und Pixhaier Teich bei Buntenbock.

Sehenswert:

- *Osterode: Historisches Ratshaus; Traufenhäuser beim Kornmarkt; Kommandantenhaus; Ritterhaus am Rollberg mit Heimatmuseum (geologische und mineralogische Abteilung, Werke Tilman Riemenschneiders); Villa Schachtrupp; Harzkornmagazin; Ratswaage; Bergfried der ehemaligen Alten Burg; Marktkirche St. Ägidien; Schloßkirche St. Jakobi; Reste des ehemaligen Schlosses und der Stadtmauer.*
- *Bergbau-Lehrstollen in Lerbach.*
- *Clausthal-Zellerfeld: siehe Tour 2.*

wald führt uns an der Alten Riefensbeek entlang zu einem betagten Backofen, den Resten eines Eisenschmelzofens aus dem 16. Jahrhundert. Nebenan finden wir einen verträumten Rastplatz. Der Hauptroute treu bleibend sausen wir an einem kleinen Teich vorbei nach *Riefensbeek*. Der letzte Wegabschnitt ist auch als Waldschadens-Lehrpfad ausgewiesen. Dort dirigieren wir unsere Untersätze rechts in die Bundesstraße und entscheiden uns vor dem oberen Damm der Söse-Hauptsperre für das Forststräßchen Richtung Osterode. Der erholsame Pedalspaß führt uns im weiteren Verlauf als Fischerei-Lehrpfad um die einsamen Buchten des Stausees. Man fühlt sich auf der stillen Vergnügungsroute, nur umgeben von Wald und Wasser, in die Einsamkeit nordischer Wälder versetzt. Nach dem Campingplatz fahren wir über die Sösebrücke und rollen links auf dem Radweg durchs Sösetal zurück nach *Osterode*.

Tour 16: Bruchberg-Rundkurs

INFOS

Charakter: *Sehr sportliche Bergrunde in der hochgelegenen Region zwischen Oberharz und Mittlerem Harz. Die vom motorisierten Verkehr zum Teil stärker frequentierten Straßen empfehlen an Sonntagen einen frühen Aufbruch, langer und kraft-raubender Anstieg, respekteinflößende Forstweg-Abfahrt erfordert zuverlässige Bremsen, Mountain Bike vorteilhaft.*

Länge: *28 km.*

Fahrzeit: *2½ Stunden.*

Ausgangspunkt: *Altenau, im Oberharz, östlich Clausthal-Zellerfeld.*

Höhe des Ausgangspunktes: *450 m.*

Routenverlauf: *Altenau – Torfhaus (8 km) – Sonnenberg (10 km) – Altenau (10 km).*

Höchster Punkt: *870 m.*

Höhenunterschied: *520 m.*

Konditionelle Anforderungen: *schwer.*

Anschlußtouren: *In Altenau Tour 2, in Torfhaus Tour 6, in Sonnenberg Tour 17.*

Karte: *Radwanderkarte des Niedersächsischen Landesverwaltungsamtes, 1:75.000, Blatt RC4526 Goslar.*

Treffpunkt zur Bruchberg-Runde ist die Kirche in *Altenau*. Richtung Bad Harzburg geht's erst mal gemütlich bergwärts durch ein Wiesental, bevor uns die anhaltende Tretaktion durch die tiefen Nadelwälder hinauf zur Nordostschulter des Bruchbergs etwas außer Atem geraten läßt. Besonders der Steilabschnitt im oberen Teil laugt mit der Zeit aus. Kein Wunder, immerhin sind wir zuletzt bis auf gut 800 m Meereshöhe hochgeklettert.
In *Torfhaus* biegen wir in die Bundesstraße Richtung Braunlage ein und müssen, noch ein Stück bergan kurbelnd, kurzzeitig ein stärkeres Verkehrsaufkommen erdulden. Etwa 2 km nach Torfhaus wollen wir den Abstecher zum Brockenfeld nicht versäumen. Wir lenken deshalb vom höchsten Punkt auf die Schierker Straße zur Kriegsgräberstätte und folgen dem Forstweg, bis dieser vor der einsamen Hochmoorfläche am Fuße des dominierenden Brockens abknickt. Bis hier oben auf dem 870 m hohen Brockenfeld, dem höchstgelegenen Punkt unserer Bergrunde, hat man das Beil eines Steinzeitmenschen gefunden. Eines vieler Beispiele dafür, daß sich in der Harzregion schon frühzeitig Men-

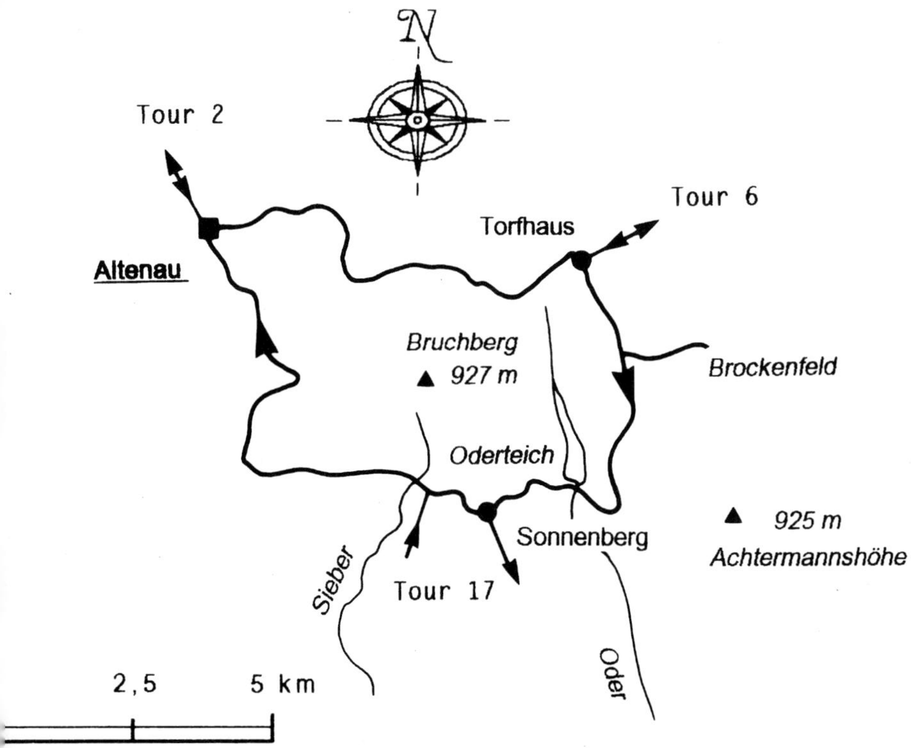

schen aufhielten. Wir radeln zurück zur B 4 und zweigen hinter dem Weiler *Oderbrück* nach kurzer Talfahrt auf die B 242 Richtung Seesen ab. Die linkerhand aufragende, 925 m hohe Achtermannshöhe trägt eine auffallende Hornfelsmütze über dem Granitkern. Der Verkehr auf der nun vor uns liegenden, landschaftlich großartigen Straße hält sich im Vergleich zu den vielbefahrenen Nord-Süd-Verbindungen des Oberharzes angenehmerweise in Grenzen. Leider gibt es auf diesem Abschnitt

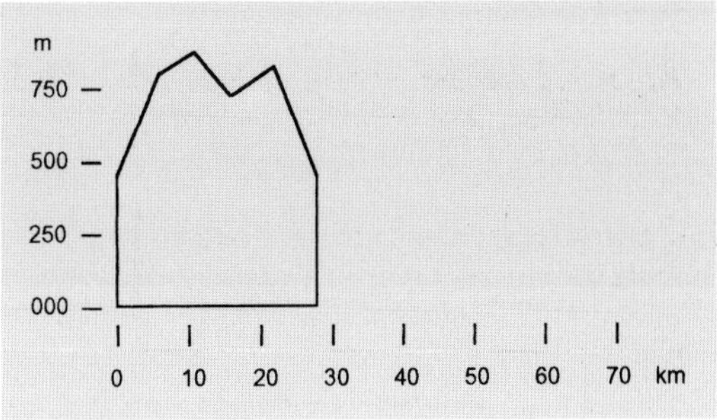

Der Brocken – verzichten heißt gewinnen

Der 1142 m hohe Brocken, auch Blocksberg genannt, Opferstätte zu Ehren germanischer Götter und Tanzplatz der Hexen und des Teufels in der Walpurgisnacht, ist ein Mythos. Die Entstehung des Granitmassivs geht auf das Oberkarbon zurück. Bei der Trigonometrischen Landvermessung unter Carl Friedrich Gauß stellte der Brockengipfel einen wichtigen Meßpunkt dar. Und heute? Ein Gipfelhotel, eine Telekom-Station, ein alter Fernsehturm, ein ehemaliger Spionage-Kuppelbau, eine Bahnstation – Beton überall, Absperrzäune. Kein Wunder, daß sich der norddeutsche »Berg der Berge« zu einem der am ärgsten verschandelten Mittelgebirgs-Hauptgipfel unseres Landes gewandelt hat.

Der Brocken, niederschlagsreichster Ort nördlich des Mains, wird durch einen geradezu bedrohlichen Besucheransturm weiterhin arg in Mitleidenschaft gezogen. Tausende von Touristen schubsen sich Tag für Tag über den verbauten Glatzkopf mit der »schier unermeßlichen Aussicht«. Die ehemals stillgelegte, seit dem Sommer 1992 wieder fürchterlich qualmende Brockenbahn macht's möglich. Irgendwo in der dunstschwangeren Weite sollen die Domtürme von Magdeburg zu sehen sein. Manche kommen auch wegen des geheimnisvollen Brockengespenstes, das sich gelegentlich bei tiefem Sonnenstand und trübem Wetter zeigt. Heinrich Heine nennt bereits 1824 die Brockenbesucher »Zwerge, die mit ihren blöden Äuglein auf ihm herumtrampeln«.

Der Radfahrer versäumt nichts, wenn er bewußt einen großen Bogen um diese vergewaltigte, vom Waldkrebs zerfressene Erosionsburg schlägt. Auch die nähere Umgebung des Brockens verspricht alles andere als genußvolle Bewegung. Die lärmerfüllten Straßen und Wege halten dem drängelnden Besucher einen Spiegel vor, doch er blickt empört hinein, schimpft und drängelt weiter. Der Herdentrieb ist stärker als die Vernunft. Will man auf einen Nachbargipfel ausweichen, starren einen möglicherweise unerwartete Schilder an: Betretungsverbot! Dann wenigstens zur Ilsequelle – doch auch da: Kein Zugang. Man hat es eben nicht leicht im Nationalpark Hochharz, dem Ort, an dem sich Deutschland trifft.

keinerlei Alternativrouten für den Radwanderer. Wer die zentralen Regionen des Oberharzes kennenlernen möchte, kommt deshalb gezwungenermaßen nicht umhin, auch mal auf Bundesstraßen auszuweichen. Durch eine Senke pedalieren wir am waldumschlossenen Oderteich vorbei, hinauf zum Weiler *Sonnenberg*.
Auf der zügigen Route erreichen wir nach einer mäßig steilen Auffahrt bald die Südwestschulter des Bruchbergs. Die 927 m hohe Bruchbergkuppe besteht aus verwitterungsbeständigem Quarzit. Kurz nach der Paßhöhe stehen links drei Windräder. Dort setzt rechts ein hervorragend befahrbarer, anfangs sanft fallender Forstweg an, der uns, an der Kreuzung den Wegweiser »Okertal - Altenau« beachtend, eine anspruchsvolle Abfahrt an den Wildwassern der Großen Oker entlang und durch den einsamen Wald zurück nach *Altenau* beschert. Das begeisternde Downhill-Finale erfordert etwas Steuerkunst und absolut bergtaugliche Bremsen.

TIPS

Auskunft:
- *Kurbetriebsgesellschaft »Die Oberharzer« Schultal 5 38707 Altenau/Harz Tel. (05328) 80222*

Anfahrt:
Vom nächstgelegenen Bahnhof in Oker sind es 15 km auf der B 498 bis Oker.

Sehenswert:
- *Altenau: Heimatstube; Wunder in Holz (Lebenswerk eines Holzschnitzers).*
- *Radauer-Born-Moor bei Torfhaus.*
- *Brockenfeld und Oderteich bei Oderbrück.*

Tour 17: Zwischen Sieber und Oder

Der heilklimatische Kurort *St. Andreasberg* ist die höchstgelegene Bergstadt des Harzes. Vom oberen Dorf steuern wir behutsam auf der 15 Prozent steilen Gefällstrecke Richtung Bad Lauterberg zum unteren Ortsteil und müssen, außerhalb auf die Herzberger Route abbiegend, hinauf zu einem bewaldeten Sattel kräftig in die Pedale treten. Die Tiefblicke auf das märchenhafte, dicht bewaldete obere Siebertal lassen einen während der köstlichen Abfahrt durch die eleganten Kehren ins Schwärmen geraten.Direkt nach der Sieberbrücke lenken wir am Wanderparkplatz rechts hinein in dieses verschwiegene Harztal. Bei den Anwesen von *Königshof* wechselt die Zufahrtsstraße in ein meist gemütlich ansteigendes Forststräßchen. Auch Laubbäume mischen sich vereinzelt in das dunkle Fichtengrün. Den Steinwegweiser »Siebertal« beachtend folgen wir stets dem Lauf des gleichnamigen Baches. Unterwegs kommen wir an zwei netten Rastplätzen vorbei.

Die letzte mit dem Wegweiser »Sonnenberg« beschilderte Etappe an den Quellwassern der Sieber entlang klettert die Route in an-

INFOS

Charakter: *Anspruchsvoller Traumkurs durch weltabgeschiedenes Flußtal zwischen Oberharz und Mittlerem Harz mit aussichtsreicher, leichter Gipfelbesteigung. Mäßig befahrene Straßen und Forststräßchen, lange und abschnittsweise steile Auffahrt.*

Länge: *26 km.*

Fahrzeit: *2½ Stunden, Besteigung des Großen Sonnenbergs zu Fuß zusätzlich insgesamt ½ Stunde Gehzeit.*

Ausgangspunkt: *St. Andreasberg, im Mittleren Harz, westlich Braunlage.*

Höhe des Ausgangspunktes: *600 m.*

Routenverlauf: *St. Andreasberg – Königshof (7 km) – Sonnenberg (10 km) – Rehberger Grabenhaus (6 km) – St. Andreasberg (3 km).*

Höchster Punkt: *853 m.*

Höhenunterschied: *530 m.*

Konditionelle Anforderungen: *schwer.*

Anschlußtouren: *In St. Andreasberg Tour 21, in Sonnenberg Tour 16.*

Karte: *Radwanderkarte des Niedersächsischen Landesverwaltungsamtes, 1:75.000, Blatt RC4526 Goslar.*

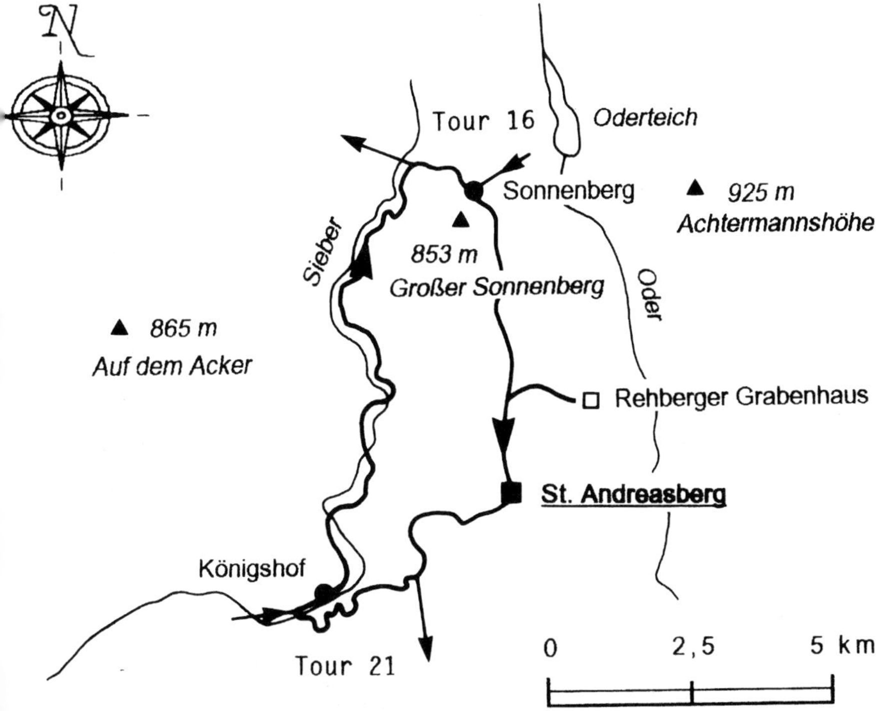

strengender Manier durch reinen Nadelwald hinauf zur Bundesstraße südlich des Bruchbergs, in die wir rechts einbiegen. Nun ist es nur noch ein Katzensprung hinauf zum Weiler *Sonnenberg*. Das angeblich 4000 Jahre alte Sonnenberger Moor mit seinen botanischen Raritäten ist mit einem Betretungsverbot belegt. Ein anderer, frei zugänglicher landschaftlicher Höhepunkt ist der Gipfel des Großen Sonnenbergs. Dieser lohnt wegen seiner auf einen Granitsockel aufgesetzten Hornfelsklippen zu einer Besteigung.

Wir folgen dazu der Straße Richtung Herzberg und lassen unsere Drahtesel am Parkplatz gleich nach der Straßenabzweigung zurück. Ein Forstweg leitet kurz empor zum Hochbehälter, wo wir wenige Minuten dem steilen,

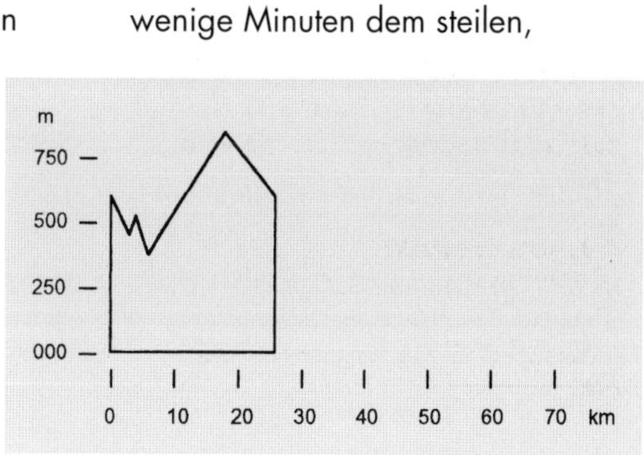

TIPS

Auskunft:

- *Städt. Kurverwaltung St. Andreasberg Am Glockenberg 12 37442 St. Andreasberg Tel. (05582) 80336*

Anfahrt:

Vom nächstgelegenen Bahnhof in Scharzfeld sind es 19 km über Bad Lauterberg nach St. Andreasberg.

Aktivitäten:

Bergbaulich-geologischer Lehrpfad, 550 m lange Super-Rutschbahn mit 25 Prozent Gefälle und Pferdekutschfahrten in St. Andreasberg.

Sehenswert:

- *St. Andreasberg: Historisches Silberbergwerk und Heimatmuseum »Grube Samson« mit riesigem Kunstrad und imponierendem Kehrrad sowie der letzten aktiven Fahrkunst (Personenbeföderung) des Harzes (geologische Sammlung); Lehrbergwerk Roter Bär; Besucherstollen Katharina-Neufang; Rehberger Grabenhaus nördlich der Stadt.*
- *Großer Sonnenberg (853 m) bei Sonnenberg.*

unmarkierten Pfad zum Gipfel des 853 m hohen Sonnenbergs folgen. Es ist dies gleichzeitig der höchste erreichte Punkt unseres Pedalausflugs. Der weite Rundblick zeigt uns manche bekannte Erhebungen: den markanten Brocken, den Wurmberg, die Achtermannshöhe und den langgezogenen Bruchberg.

Die eingestreuten Hochmoore verleihen dieser weitläufigen Mittelgebirgsregion eine Ausstrahlung, wie sie den einsamen Waldgebieten skandinavischer Länder nicht unähnlich ist. Ein geheimnisvolles, sehr empfindliches Naturreich. Ein anderes Geheimnis schlummert in der Tiefe des Berges. In den nahegelegenen ehemaligen Zinngruben liegt der bei Sammlern begehrte Schörl versteckt, der schwarze Turmalin.

Nach dem Abstieg zur Straße geht's noch kurz bergan zum Sattel zwischen dem Großen und dem Kleinen Sonnenberg. Dann können wir unsere Räder der Schwerkraft überlassen. Wen die bisherige Aktion spürbar Kalorien gekostet hat, der findet am Ende des bald abzweigenden Anliegersträßchens im abgeschiedenen *Rehberger Grabenhaus* eine ideale Gelegenheit, das Nahrungsdefizit wieder wettzumachen. Schon Goethe hatte in dieser Wirtschaft hervorragend gespeist.

Das Finale auf der Hauptstraße zurück nach *St. Andreasberg* kostet nur noch ein paar Kurbelumdrehungen.

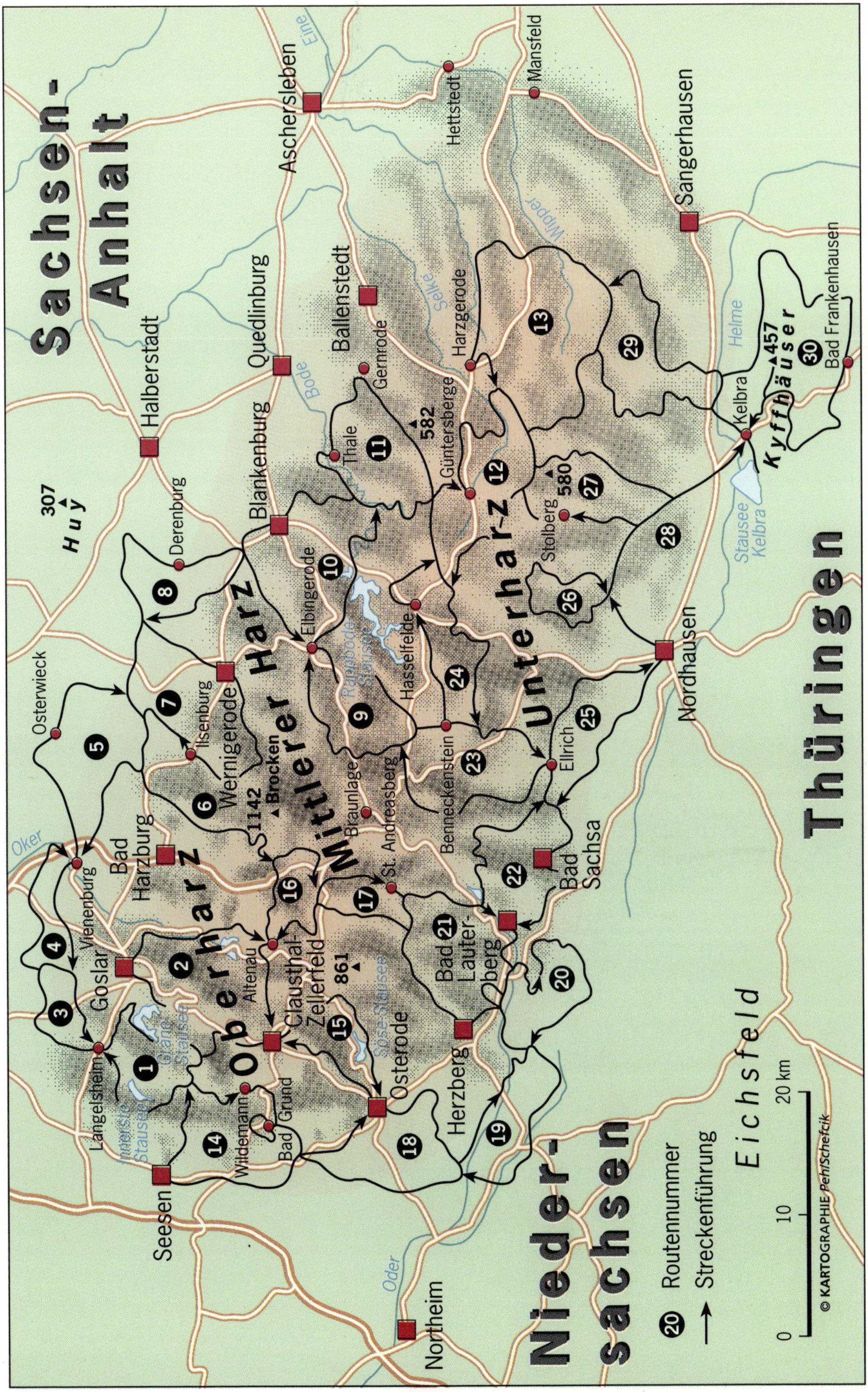

Sachsen-Anhalt
Niedersachsen
Thüringen
Oberharz
Mittlerer Harz
Unterharz
Eichsfeld
Kyffhäuser
Huy
307
Brocken
1142
861
582
580
457
Halberstadt
Quedlinburg
Aschersleben
Ballenstedt
Blankenburg
Derenburg
Thale
Gernrode
Hettstedt
Mansfeld
Sangerhausen
Harzgerode
Güntersberge
Stolberg
Kelbra
Bad Frankenhausen
Nordhausen
Ellrich
Bad Sachsa
Bad Lauterberg
Herzberg
Osterode
Northeim
Seesen
Langelsheim
Goslar
Vienenburg
Bad Harzburg
Osterwieck
Ilsenburg
Wernigerode
Elbingerode
Hasselfelde
Benneckenstein
Braunlage
St. Andreasberg
Altenau
Clausthal-Zellerfeld
Wildemann
Bad Grund
Oker
Bode
Selke
Wipper
Eine
Helme
Oder
Rappbode-Stausee
Söse-Stausee
Granetalsperre
Innerste-Stausee
Stausee Kelbra
Routennummer
Streckenführung
0
10
20 km
© KARTOGRAPHIE Pehlschefcik

Questenberg am Nasseflüßchen, in der Südostecke des Harzes.

Auf einem Sandsteinfelsen unweit der Stadt Blankenburg thront die Burgruine Regenstein.

Immer wieder wird der Radler an den einst bedeutenden Bergbau im Oberharz erinnert.

Der anregende Aussichtsfelsen Roßtrappe oberhalb des liebenswerten Städtchens Thale.

Die alte Residenzstadt Stolberg im Südteil des Unterharzes.

In der wilden Karstlandschaft des südlichen Harzvorlandes, bei Ilfeld.

Die Landschaft um Walkenried wie hier am Itelteich, am Südrand des Mittleren Harzes, ist sehr abwechslungsreich.

Am Alten Tor von Neustadt bei Nordhausen startet die sportliche Kurbelaktion zum abgelegenen Birkenkopf.

Alte Fachwerkhäuser, wie hier in Stolberg, sind typisch für die östlichen Harzstädte.

Der eigenwillige Kirchenbau von Harzgerode in der Nordostecke des Harzes.

Die idyllische Rhumequelle im südlichen Vorland des Oberharzes zählt zu den drei größten Quellteichen Europas.

Hahnenklee im Oberharz überrascht den Radwanderer mit einer prachtvoll gestalteten nordischen Stabkirche.

Rübeland im Mittleren Harz begeistert den Besucher mit einem bewahrten Ortsbild und zwei der bedeutendsten Harzhöhlen.

Dampfroß-Nostalgie zwischen Sorge und Elend, auf dem beschwerlichen Weg zum Brocken.

Die liebevoll gepflegten Harzbahnen zählen zu den großen Touristenattraktionen.

Tour 18: Im Gipskarst des Sösetriangels

Wir kutschieren vom Bahnhof in *Osterode* hinein in die Stadt und geradeaus auf dem Radweg an der Söse entlang. Die Wegweiser »Fernverkehr« und »Northeim« leiten uns über die Bundesstraßenüberführung. Auf der Kuppe folgen wir der Straße Dreilinden und der Admiral-Zenker-Straße. An der nächsten Gabelung halten wir uns links und kurbeln, die Bezeichnung »Radwanderweg - Düna« beachtend, mäßig bergan an der Wartburg vorbei.

Aus dem ehemaligen Zechsteinmeer stammen die Ablagerungen aus Gips und Anhydrit am Südrand des dicht bewaldeten Harzes. Jenseits der Bundesstraße und Bahnlinie liegen das Kleine und Große Teufelsbad. Diese bei Vögeln beliebten Karstsenken haben sich durch die unterirdische Auslaugung von Gips entwickelt. Über die aussichtsreichen Getreidefelder kommen wir nach *Düna*. Rechts abbiegend radeln wir ins Karstgebiet Hainholz, ein im Jahre 1991 auf 340 ha erweitertes Naturschutzgebiet. Wir lassen uns ab der Hinweistafel am Parkplatz – vorzugsweise zu Fuß – durch den reizvollen Mischwald einfach vom vorbildlich ausgeschilderten Naturlehrpfad leiten. Der Rund-

INFOS

Charakter: *Tälerreiche Erholungsrunde im südwestlichen Vorland des Oberharzes, viele geologisch bedeutsame Erscheinungen. Für Besuch der Jettenhöhle Taschenlampe mit Ersatz-Akkus mitnehmen. Verkehrsarme Straßen sowie Rad- und Wirtschaftswege, zwei kurze Steigungen.*

Länge: *41 km.*

Fahrzeit: *3 Stunden, für Hainholz-Rundwanderweg zusätzlich 1 Stunde Gehzeit.*

Ausgangspunkt: *Osterode, an der Söse, am Südrand des Oberharzes.*

Höhe des Ausgangspunktes: *220 m.*

Routenverlauf: *Osterode – Düna (7 km) – Schwiegershausen (7 km) – Wulften (5 km) – Dorste (5 km) – Eisdorf (7 km) – Badenhausen (4 km) – Osterode (6 km).*

Höchster Punkt: *250 m.*

Höhenunterschied: *210 m.*

Konditionelle Anforderungen: *leicht.*

Anschlußtouren: *In Osterode Tour 15, in Wulften Tour 19, in Wind-hausen Tour 14.*

Karte: *Radwanderkarte des Niedersächsischen Landesverwaltungsamtes, 1:75.000, Blatt RC4526 Goslar.*

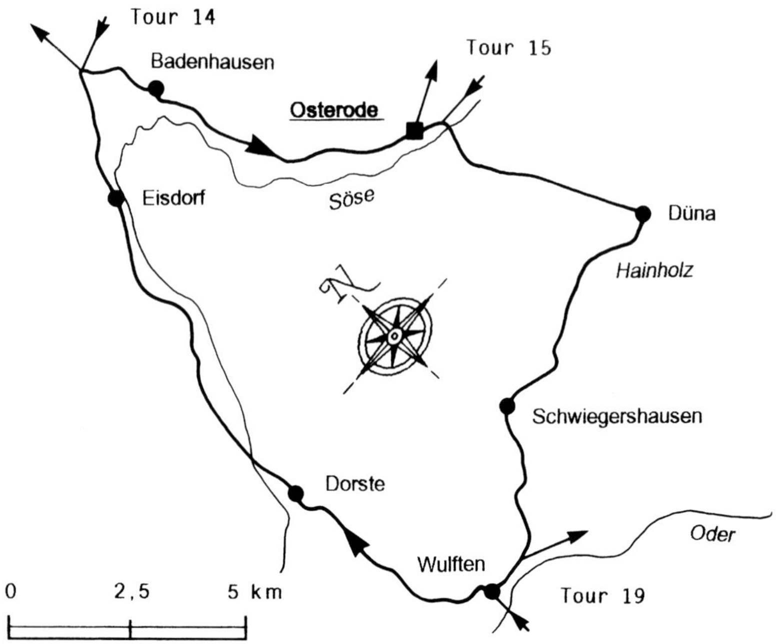

wanderweg verbindet in der noch unverfälschten Gipskarstlandschaft die wichtigsten Natursehenswürdigkeiten. Das botanisch beachtenswerte Schutzgebiet beinhaltet neben vier Haupthöhlen und 25 kleineren Höhlen beeindruckende, teils mit Schluchtwaldvegetation bewachsene Erdfälle, Gipsstöcke, Karrenfelder, Bachschwinden und Karstquellen. Zudem kommen hier noch mehrere Amphibienarten vor. Als erstes passieren wir eine Schneitel-Hainbuche. Der Baum bekam seine gedrungene Wuchsform durch das »Schneiteln«, das Stutzen der Krone. Die abfallenden Äste benutzten die Bauern Dünas früher als Brennholz. An verkarstetem Gelände mit Halbtrockenrasen-Vegetation vorbei gelangt man als nächstes zu einem mächtigen Erdfall mit senkrechtem Felsabbruch und seltenen Pflanzenarten,

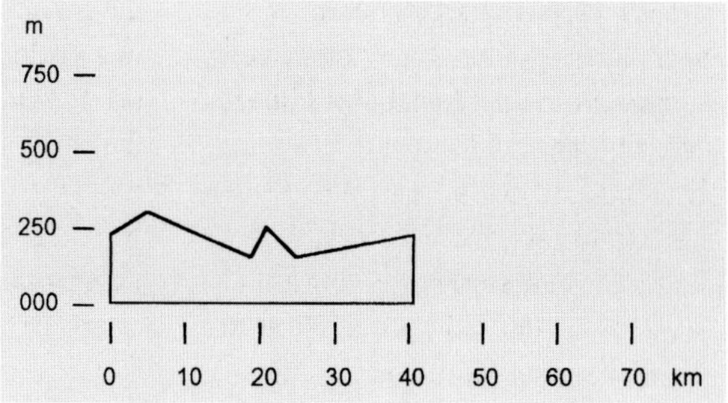

einem Teileinsturz der Jettenhöhle. Der Erdfall ist einer der insgesamt 10.000 Karsthohlformen im Landkreis Osterode. Beim Karstkegel zweigen wir zu einer beeindruckenden Karstschlotte ab. In einer dieser Schlotten, die in der Steinzeit als Fallgruben dienten, hat man unter anderem Knochen von Wollnashörnern gefunden. Unsere Schlotte trägt den Namen 13-Meter-Schacht und ist in die darunterliegenden Jettenhöhle durchgebrochen.
Unter dem folgenden, erst 2000 Jahre alten Erdfall befinden sich Siedlungsreste aus der Zeit um Christi Geburt. Die Siedlung selbst war oberirdisch. Die Jettenhöhle, zu der wir anschließend noch kommen, wurde nur zum Schutzzweck oder zu Opferzeremonien aufgesucht. Nächster Höhepunkt ist der 15 m tiefe Pferdeteich. In diesem schönsten Hainholz-Erdfall versickert das Quellwasser der Umgebung und tritt wahrscheinlich in der Rhumequelle wieder zutage. Manchmal fällt der Teich im Herbst trocken.
Kurz darauf haben wir die berühmte Jettenhöhle erreicht, eine Laug- und Versturzhöhle mit über 600 m langen Gängen und bis zu 9 m hohen Hallen. Diese größte aller Höhlen des Naturschutzgebietes ist durch Lösung des Gipsgesteins im Grundwasser sowie durch Losbrechen vieler Teile entstanden. Durch das sehr niedrige Portal gelangt man in das erheblich steinschlaggefährdete Innere des Gewölbes. Die Höhle ist ab der geräumigen Eingangshalle noch weit begehbar. Bergauf an einer mächtigen Buche vorbei treffen wir kurz darauf wieder am Parkplatz ein. Von beachtlicher Größe sind in der Umgebung außerdem die Marthahöhle, der Klinkerbrunnen und das Polenloch.
Wir fahren nun wenige Meter zurück und rubbeln auf dem links abzweigenden, anfangs etwas holperigen Wirtschaftsweg bergab in die Talsenke, wo wir ebenfalls links in die Straße nach *Schwiegershausen* einbiegen. Durch das Wiesental geht's weiter nach *Wulften* im Odertal. Dort schwenkt unser Kurs nördlich ab. Nach einem spürbaren Anstieg rauschen die Räder über die Felder hinunter nach *Dorste*.
Richtung Osterode radeln wir auf zügiger Route durch das breite Sösetal nach *Nienstedt*, das wir zuletzt auf einer Alleestraße erreichen. Den Wegweiser »Bad Grund« beachtend kommen wir

TIPS

Auskunft:

- *Fremdenverkehrsamt Osterode*
  Eisensteinstraße 1
  37520 Osterode
  Tel. (05522) 318332

Anfahrt:
Osterode ist mit der Bahn erreichbar.

Aktivitäten:
Naturlehrpfad bei Düna.

Sehenswert:

- *Osterode: Historisches Ratshaus; Traufenhäuser beim Kornmarkt; Kommandantenhaus; Ritterhaus am Rollberg mit Heimatmuseum (geologische und mineralogische Abteilung, Werke Tilman Riemenschneiders); Villa Schachtrupp; Harzkornmagazin; Ratswaage; Bergfried der ehemaligen Alten Burg; Marktkirche St. Ägidien; Schloßkirche St. Jakobi; Reste des ehemaligen Schlosses und der Stadtmauer; Wartburg sowie Kleines und Großes Teufelsbad südöstlich der Stadt.*
- *Gipskartslandschaften Hainholz (mit Jettenhöhle) und Beierstein bei Düna.*
- *Wildpark nordwestlich Nienstedt.*
- *Ruine Hindenburg in Badenhausen.*

als nächstes nach *Eisdorf*. Ein Radweg trägt uns über die Markau nahe ihrer Mündung in die Söse nach *Teichhütte*, vor uns im Waldesgrün die Harzberge. Mit wechselnder Fahrtrichtung geht's auf weiteren Radbahnen nach *Badenhausen* und über den Ortsteil *Katzenstein* zurück nach *Osterode*.

Tour 19: Die Rotenberg-Runde

Hattorf liegt am Zusammenfluß von Sieber und Oder. In dem Erholungsort hat schon Wilhelm Busch seine Urlaubstage verbracht. Vom Bahnhof fahren wir hinein ins Dorf, biegen an der Sieber rechts in die Vorfahrtsstraße ein und beachten am Ortsende den Wegweiser »Gieboldehausen«, rechterhand der bewaldete Höhenzug des Rotenbergs. In einem Waldflecken schwenken wir kurz in die Bundesstraße Richtung Braunlage ein, verlassen diese aber gleich wieder rechts abbiegend auf der zügigen Route hinüber nach *Pöhlde*.

Die Reste der Unter- und Oberburg von König Heinrichs Vogelherd auf dem Rotenberg südlich des Erholungsortes gehen auf das 8. Jahrhundert zurück. Am Ortsende lenken wir rechts in die Vorfahrtsstraße und schieben unsere Drahtesel vor der Brücke abermals rechts wenige Meter auf einem Fußpfad hinunter zum sanft durch den Mischwald talwärts führenden Radweg auf der ehemaligen Bahntrasse Herzberg - Rhumspringe. Unterwegs entdeckt das aufmerksame Radlerauge mehrere Erdfälle. Der ansehnlichste mißt etwa 80 m, ist 25 m tief und steht unter Naturschutz. Er erhielt auf Grund

INFOS

Charakter: *Bequeme Spazierfahrt durch sonnige Flußtäler im südlichen Vorland des Oberharzes. Besonders für weniger geübte Genußradler empfehlenswert. Kaum befahrene Nebenstraßen, ein kurzer Radwegabschnitt; keine nennenswerten Steigungen.*

Länge: *35 km.*

Fahrzeit: *2½ Stunden.*

Ausgangspunkt: *Hattorf, im südlichen Harzvorland, westlich Herzberg.*

Höhe des Ausgangspunktes: *180 m.*

Routenverlauf: *Hattorf – Pöhlde (8 km) – Rhumspringe (5 km) – Wollershausen (3 km) – Gieboldehausen (4 km) – Bilshausen (6 km) – Wulften (3 km) – Hattorf (6 km).*

Höchster Punkt: *220 m.*

Höhenunterschied: *110 m.*

Konditionelle Anforderungen: *leicht.*

Anschlußtouren: *In Pöhlde Tour 20, in Wulften Tour 18.*

Karte: *Radwanderkarte des Niedersächsischen Landesverwaltungsamtes, 1:75.000, Blatt RC4526 Goslar.*

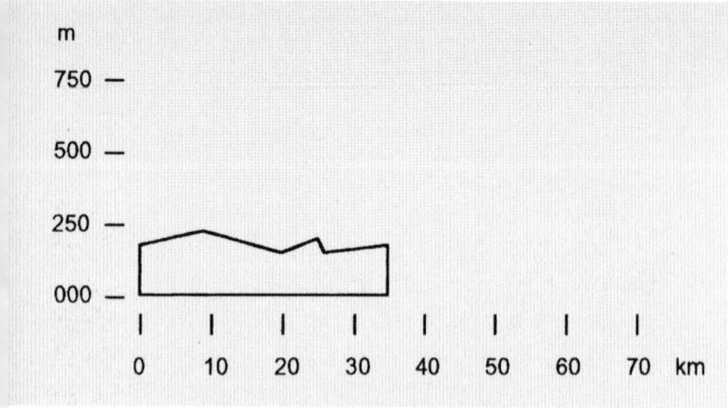

der Insel, die angeblich den vor dem Bau der Bahn mit Wasser gefüllten Erdfall zierte, den Namen »Schwimmende Insel«. Am Dorfeingang von *Rhumspringe* weist uns die Bezeichnung »Rhumequelle« zum bekannten, idyllisch verzweigten Quellteich mit schönem Auwaldbestand und mehreren Quelltrichtern. Farbenprächtige Mandarinenten und anderes Entengetier tummeln sich auf dem paradiesischen Wasserspiegel. Obwohl die Quelle zur Trinkwasserentnahme genutzt wird, hat sich ihre Abflußmenge nicht merklich verringert. Kräftig unterstützt wird die Quellschüttung von den Versickerungswassern der Sieber, der Oder und der Beber. Angeblich stammen nur etwa 4 Prozent der mittleren Schüttung aus dem Oberflächenwasser des Quelleinzugsgebietes. Der Rhumeteich zählt zu den drei größten Quellen Europas.

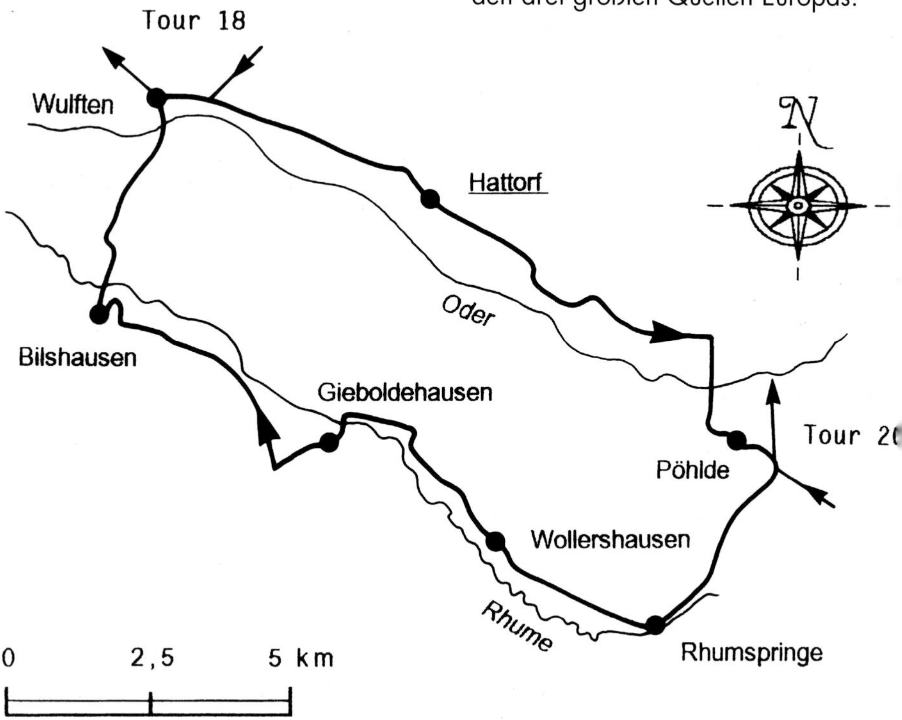

Durch das Rhumetal pedalieren wir nun von der Dorfmitte über *Lütgenhausen* nach *Wollershausen*. Wiesen und Felder, Schilf- und Gehölzzonen gestalten die weite Talaue. Links in die Bundesstraße einbiegend geht's auf dem Radweg nach *Gieboldehausen*. Richtung Rhumspringe steuern wir über die Flußbrücke hinein in die Ortsmitte und nehmen die Straße »Hohe Leuchte«. Weiterhin orientieren wir uns am Wegweiser »Göttingen« und nach der Hahlebrücke an der Beschilderung »Sportplatz«.
Um nach *Bilshausen* zu kommen, müssen wir an der Verzweigung beim Bauernhof rechts abbiegen. Es ist ein kaum benutztes Sträßchen, das uns in vergnüglichem Auf und Ab über die Felder hinüber ins Nachbardorf trägt. In der Ortsmitte schwenken wir rechts in die Vorfahrtsstraße ein und queren über das breite Tal nach *Wulften* erst die Rhume, dann die Bundesstraße und schließlich die Oder.
Am Dorfende biegen wir Richtung Herzberg ab und lassen die Runde auf der ebenen Route übers Getreideland zurück nach *Hattorf* gemütlich ausklingen.

TIPS

Auskunft:

- *Verkehrsverein Hattorf*
  Bahnhofstraße 6a
  37197 Hattorf
  Tel. (05584) 2144

- *Verkehrsverein Pöhlde*
  37412 Pöhlde
  Tel. (05521) 71518

- *Gemeinde Rhumspringe*
  Mühlenbrücke 1
  37434 Rhumspringe
  Tel. (05529) 402

- *Flecken Gieboldehausen*
  Herrn Alois Grobecker
  Postfach 9
  37434 Gieboldehausen

Anfahrt:
Hattorf ist mit der Bahn erreichbar.

Aktivitäten:
Pferdekutsch- und Planwagenfahrten in Hattorf sowie Pferdekutschfahrten in Pöhlde.

Sehenswert:
- *Hattorf: Erholungszentrum Oderpark; Wilhelm-Busch-Gedenkstätte; Wilhelm-Busch-Museum.*
- *Pöhlde: Ausgrabungsstätte der Königspfalz an der alten Gerichtslinde; Reste der Unter- und Oberburg von König Heinrichs Vogelherd auf dem Rotenberg sowie Erdfall »Schwimmende Insel« südlich des Dorfes.*
- *Rhumequelle in Rhumspringe.*

Tour 20: Zwischen Oder und Eller

INFOS

Charakter: *Individuelle Schleichwegroute im hügeligen, südlichen Vorland des Oberharzes. Verkehrsarme Nebensträßchen und Wirtschaftswege, mehrere kurze Anstiege, etwas Orientierungssinn vorteilhaft.*

Länge: *41 km.*

Fahrzeit: *3½ Stunden.*

Ausgangspunkt: *Scharzfeld, am Südrand des Oberharzes, zwischen Herzberg und Bad Lauterberg.*

Höhe des Ausgangspunktes: *260 m.*

Routenverlauf: *Scharzfeld – Barbis (2 km) – Königshagen (5 km) – Barbis (7 km) – Bartolfelde (3 km) – Bockelnhagen (5 km) – Zwinge (4 km) – Pöhlde (8 km) – Scharzfeld (7 km).*

Höchster Punkt: *360 m.*

Höhenunterschied: *420 m.*

Konditionelle Anforderungen: *mittel.*

Anschlußtouren: *In Scharzfeld Tour 21, in Pöhlde Tour 19.*

Karte: *Radwanderkarte des Niedersächsischen Landesverwaltungsamtes, 1:75.000, Blatt RC4526 Goslar.*

Auf einem Waldhügel über der Gemeinde Scharzfeld im Odertal, dem Startpunkt unserer Runde, steht die Burg Scharzfels, eine der ganz alten Harzburgen und im 17. Jahrhundert Festung. Zu sehen sind außer dem Ruinengemäuer auch in den Felsen gehauene Räumlichkeiten.
Wir rollen vom Bahnhof rechts am Hotel Tiele vorbei Richtung Nordhausen und über die Flußbrücke nach *Barbis*. Der Wanderwegweiser »Rhumequelle« lenkt uns beim Tierpräparator vor der Kirche auf ein mittelsteil über die Felder ansteigendes Wirtschaftssträßchen, rückblickend die dunkelgrünen Höhenzüge des südlichen Oberharzes. Unsere Route ist identisch mit dem Fernwanderweg E 6 »Ostsee - Wachau - Adria«.Vorbei am kleinen, versteckten Berberteich mit der Hermann-Löns-Gedenkstätte kurbeln wir noch ein Stück bergan und genießen einen weiten Ausblick auf das vielgestaltige, nur teilweise bewirtschaftete Hügelland.
Wir folgen stets der Route Richtung Königshagen und kommen talwärts sausend in die Wiesensenke der jungen Beber mit einsamen Bauernhöfen und zur Stätte des »wüsten Dorfes Königshagen«. Eine Erklärungstafel am Einödhof

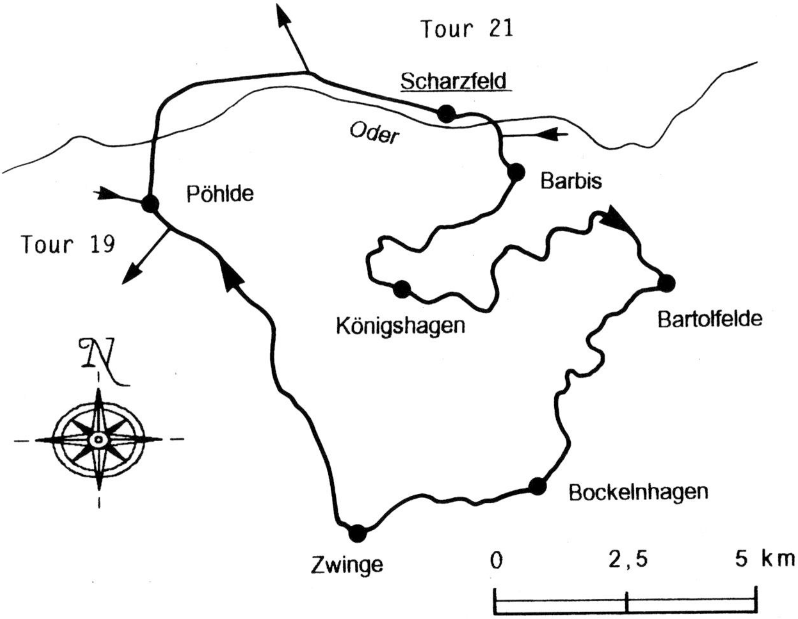

Königshagen erzählt uns, daß Werkzeug- und Keramikfunde auf ein mittelalterliches Dorfleben hindeuten. Die etwa um 1140 gegründete Ansiedlung wurde im Jahre 1415 durch Brand in einer Fehde zwischen den Grafen von Hohnstein und dem Landgrafen von Hessen zerstört. Die Bewohner sind daraufhin nach Barbis umgesiedelt. Die Beschilderung »Alter Teich - Röhlberg« weist uns auf dem betonierten Wirtschaftsweg zu einem weiteren einzelnen Bauernhof. An einem Tümpel und einer mächtigen, dreistämmigen Eiche vorbei heißt es wieder mal für eine Weile kraftvoll in die Pedale treten. Immer wieder begeistert der landschaftliche Abwechslungsreichtum des Harzvorlandes, der mit seinen Gehölzzonen, Hecken und naturnahen Wasserläufen auch der Tierwelt eine Chance zum Überleben gibt. Nach einem Waldstreifen nimmt unser Schleichwegkurs zunehmend individuellen Charakter an. Wir orientieren uns am Wegweiser »Westernsteine«, radeln über die Feldkuppe und lassen unsere Untersätze an der Gabelung links auf dem Betonsträßchen talwärts

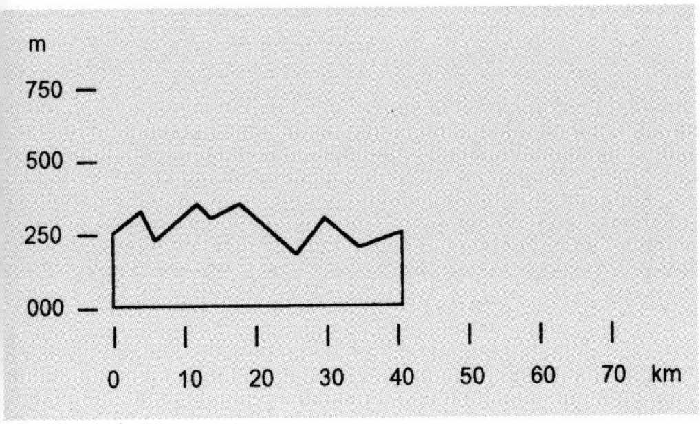

TIPS

Auskunft:

- Verkehrsamt Scharzfeld
  Am Anger 5
  37412 Scharzfeld
  Tel. (05521) 2447, 4100

- Verkehrsverein Pöhlde
  37412 Pöhlde
  Tel. (05521) 71518

Anfahrt:
Scharzfeld ist mit der Bahn erreichbar.

Aktivitäten:
Pferdekutschfahrten in Pöhlde.

Sehenswert:

- *Scharzfeld: Burg- und Festungsruine Scharzfels; Einhornhöhle nördlich des Ortes und Höhle Steinkirche am westlichen Ortsrand.*
- *Barbis: Westersteine südlich des Ortes.*
- *Pöhlde: Ausgrabungsstätte der Königspfalz an der alten Gerichtslinde; Reste der Unter- und Oberburg von König Heinrichs Vogelherd auf dem Rotenberg sowie Erdfall »Schwimmende Insel« südlich des Dorfes.*

gleiten. An der folgenden Weggabel mühen wir uns rechts anstrengend bergan und steuern an der Feldweg-Kreuzung geradeaus, links an einem Waldschopf vorbei. Wo der Feldweg abknickt, schlummern rechts zwischen den Buchen die unerwarteten Felsriegel der Westersteine. Es handelt sich hierbei um ein Algenriff. Schön ist auch die Aussicht von hier oben auf die sanft gewellten Harzberge sowie der Tiefblick auf Bartolfelde. Wir holpern zurück zur Feldweg-Kreuzung und lenken rechts unter der Hochspannungsleitung hindurch, bevor uns wieder ein geteerter Wirtschaftsweg bergab, zurück nach *Barbis* leitet. Die Bundesstraße trägt uns rechts in Kürze hinein nach *Bartolfelde*. Nach einer Waldkuppe mit einem Stück ehemalige innerdeutsche Grenzzone kosten wir die beschwingte Abfahrt aus nach *Bockelnhagen* an der Weilroder Eller mit dem eigenwilligen Kirchenbau. *Silkerode* bleibt rechts liegen. In *Zwinge*, wo sich die Weilroder und die Geroder Eller zur Eller verbinden, fahren wir Richtung Herzfeld und mühen uns kurz darauf, die Beschilderung »Rothenbergerhaus« beachtend, rechts auf dem stillen Wirtschaftssträßchen bergan. An der Gabelung treten wir geradeaus und genießen auf dem nur noch sanft steigenden Forststräßchen die erholsame Mischwald-Fahrt am Jugendwaldheim Rotenberg vorbei. Vom Waldende öffnen sich prächtige Harzblicke. Ein stilles Sträßchen trägt uns über die aussichtsreichen Felder talwärts nach *Pöhlde*. Dort radeln wir geradeaus und nehmen nach der Oderbrücke die Straße zurück nach *Scharzfeld*.

Tour 21: Von der Einhornhöhle ins Siebertal

Scharzfeld ist bekannt für seine Höhlen. Bevor wir uns auf den Weg hinauf in den Harz machen, wollen wir einen kleinen Haken schlagen und der Einhornhöhle sowie der Steinkirche einen Besuch abstatten. Wir radeln am Bahnhof links, steuern die Einhornstraße bergan und nehmen den Wirtschaftsweg unter der Bundesstraße hindurch. Er leitet uns steil empor zur Einhornhöhle, deren Eingang unter einem Felswändchen zu sehen ist.
Diese 250 m lange Höhle im Zechsteindolomit bietet einen Beweis dafür, daß im Harz neben dem Gips auch Dolomitgestein Karsterscheinungen hervorbringt. Die schönste Halle ist die Blaue Grotte, die seit dem Verfall des Höhlendaches vom Tageslicht erhellt wird. Die Höhle war bereits im Mittelalter bekannt und fand namhaften Besuch wie beispielsweise Goethe, Leibniz oder Löns. Wegen der Verwechslung von Knochenresten mit Einhornknochen – man fand unter anderem die Gebeine von Höhlenbär und Höhlenpanther, von Bison und Wolf, auch von Menschen – erhielt die Scharzfelder Höhle den Namen »Einhornhöhle«.
Der Wegweiser »Steinkirche« leitet uns anschließend auf einen Forst-

INFOS

Charakter: *Unterschiedlich schwere Genußtour in der Südostecke des Oberharzes. Meist mäßig befahrene Straßen, kleiner Abschnitt auf Wirtschaftsweg; zwei kurze aber kräftige Anstiege.*

Länge: *40 km.*

Fahrzeit: *3½ Stunden.*

Ausgangspunkt: *Scharzfeld, am Südrand des Oberharzes, zwischen Herzberg und Bad Lauterberg.*

Höhe des Ausgangspunktes: *250 m.*

Routenverlauf: *Scharzfeld – Herzberg (10 km) – Sieber (6 km) – Silberhütte (8 km) – Bad Lauterberg (11 km) – Scharzfeld (5 km).*

Höchster Punkt: *520 m.*

Höhenunterschied: *410 m.*

Konditionelle Anforderungen: *mittel.*

Anschlußtouren: *In Scharzfeld Tour 20, zwischen Sieber und St. Andreasberg Tour 17, in Bad Lauterberg Tour 22.*

Karte: *Radwanderkarte des Niedersächsischen Landesverwaltungsamtes, 1:75.000, Blatt RC4526 Goslar.*

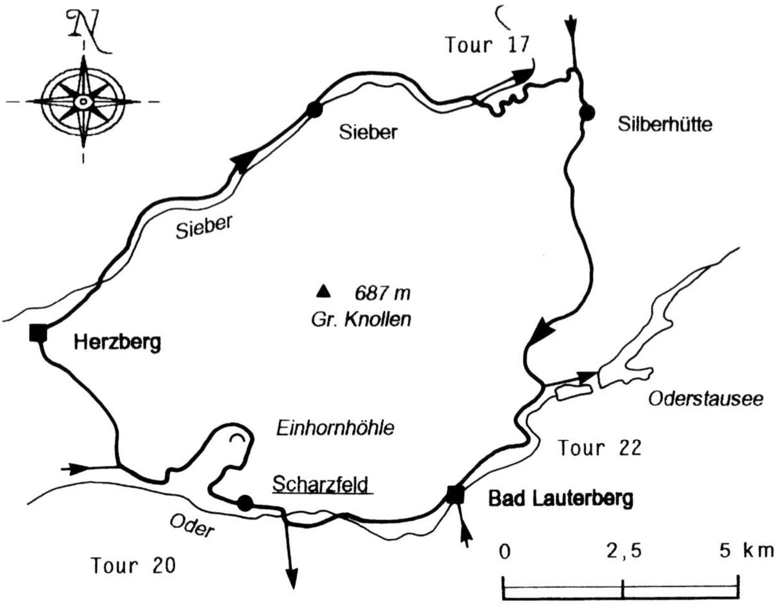

weg, der in das Zufahrtssträßchen zur Höhle mündet. Über eine Viehweide gleiten die Räder talwärts, zurück nach *Scharzfeld*. Wir nehmen die Welgengasse und biegen rechts in die Hauptstraße ein. Am Ortsende bietet sich der kurze und lohnende Abstecher zur Steinkirche an. Diese Klufthöhle im Steinberg hat man zu einer stattlichen Felsenkirche ausgearbeitet.

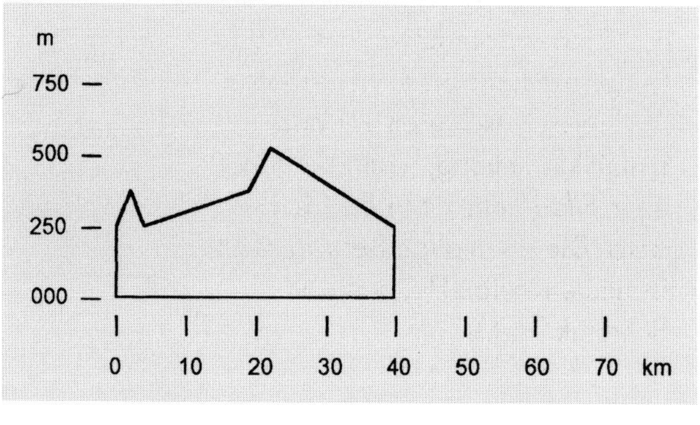

Anschließend orientieren wir uns am Wegweiser »Pöhlde« und radeln hinüber nach *Herzberg*. Die Juesseestraße trägt uns links am See entlang. Das freundliche Harzstädtchen präsentiert schöne alte Häuser mit allerlei Sprüchen. Weiter geht's auf der Sieberstraße und am Stadtrand Richtung St.-Andreasberg. Ein stilles Sträßchen leitet uns sanft bergwärts an der Sieber entlang durch das von Mischwäldern gesäumte Tal nach *Sieber*. Auffallend in dem einladenden Luftkurort ist die schlanke, geschindelte Kirche.
Bald nach dem Dorf wechselt der Charakter der Route. Spürbare Windungen lösen das gemütliche Talsträßchen ab. Der Lohn für das Schweißvergießen sind märchenhafte Einblicke in das dicht bewaldete obere Siebertal. Von der 520 m hohen Paßhöhe, gleichzeitig höchster Punkt des Rundkurses, folgt eine erfrischende Abfahrt durch rassige Kurven ins waldreiche Tal der Sperrlutter, unweit des Harzstädtchens St. Andreasberg. An dieser kutschieren wir nun gemütlich entlang, leicht bergab über *Silberhütte* nach *Bad Lauterberg*. Die ehemalige Bergbaustadt ist heute Kneipp-Heilbad und Schrothkurort.

Wir fahren anfangs Richtung Osterode und biegen am Ortsende auf die Straße nach Scharzfeld ab. Man steuert über die Oderbrücke, lenkt an der Ampel in *Barbis* rechts in die Vorfahrtsstraße und kutschiert abermals über die Oderbrücke zurück nach *Scharzfeld*.

TIPS

Auskunft:

- Verkehrsamt Scharzfeld
  Am Anger 5
  37412 Scharzfeld
  Tel. (05521) 2447, 4100

- Stadt Herzberg
  Fremdenverkehrsamt
  Marktplatz 30/32
  Tel. (05521) 85256, 85258

- Kurverwaltung Sieber
  An der Sieber 69
  37412 Sieber
  Tel. (05585) 322

- Städt. Kurverwaltung
  St. Andreasberg
  Am Glockenberg 12
  37442 St. Andreasberg
  Tel. (05582) 80336

- Kurverwaltung Bad Lauterberg
  Ritscherstraße 3
  37431 Bad Lauterberg
  Tel. (05524) 4021

Anfahrt:
Scharzfeld ist mit der Bahn erreichbar.

Aktivitäten:
Forstlehrpfad in Sieber, bergbaulich-geologischer Lehrpfad in St. Andreasberg und Waldlehrpfad in Bad Lauterberg. Bootfahren auf dem Juessee in Herzberg und auf dem Wiesenbeker Teich östlich Bad Lauterberg. 550 m lange Super-Rutschbahn mit 25 Prozent Gefälle in St. Andreasberg sowie Freizeit- und Erlebnisland Vitamar mit Riesenrutsche in Bad Lauterberg. Pferdekutschfahrten in St. Andreasberg und Bad Lauterberg.

Veranstaltungen:
Konzerte, Theatergastspiele, Harz-Heimatabende in Bad Lauterberg. Folkloreveranstaltungen und Konzerte in Sieber.

Sehenswert:

- Scharzfeld: Burg- und Festungsruine Scharzfels; Einhornhöhle nördlich des Ortes und Höhle Steinkirche am westlichen Ortsrand.
- Herzberg: Welfenschloß mit Zinnfigurenmuseum sowie Ausstellungen über Bergbau, Forstwirtschaft und Faksimile des Evangeliars Heinrich des Löwen; Domeyerpark und Kurpark.
- Kur- und Freizeitpark in Sieber.
- St. Andreasberg: Historisches Silberbergwerk und Heimatmuseum »Grube Samson« mit riesigem Kunstrad und imponierendem Kehrrad sowie der letzten aktiven Fahrkunst (Personenbeförderung) des Harzes (geologische Sammlung); Lehrbergwerk Roter Bär; Besucherstollen Katharina-Neufang.
- Bad Lauterberg: Heimatmuseum; Bergbaustollen Aufrichtigkeit; Oderstausee nordöstlich des Ortes; Wiesenbeker Teich östlich des Ortes.

Tour 22: Über den Oderstausee auf den Stöberhai

Wir steigen am Bahnhof in *Walkenried* in die Pedale und steuern über die Geleise und an zwei schönen Weihern vorbei, über die Kuppe hinüber nach *Neuhof*. Dort lenken wir Richtung Bad Sachsa und nehmen nach der Kirche die Straße »Am Kranichteich«.
Hinter dem Dorfgemeinschaftshaus lockt uns eine reizvolle, kleine Rundwandermöglichkeit in einer idyllischen Seenlandschaft aus dem Sattel, mit Ausblick zu mehreren, teils auch als Steinbrüche genutzten Kalkfelsen. Der Fußpfad führt am waldumschlossenen Kranichteich entlang und schleicht vor dessen Ende kurz rechts zu einem weiteren kleinen See mit Insel und Verlandungszone. Unter dem Felsen der Priestersteinwand versteckt sich eine kleine Laughöhle mit Kriechgang, die heute trocken liegt.
Zurück im Dorf, radeln wir hinein nach *Bad Sachsa*. Nach Queren der Bahnlinie bietet sich dabei der Besuch des Sachsensteins mit seiner leuchtenden Felsenwand und der Ruine der einstigen Sachsenburg an. Hier kommen noch einige Reliktpflanzen der Eiszeit vor. Die sogenannten Zwergenlöcher unterhalb der Ruine, eine Art Gipsbeulen, sollen angeblich von einem

INFOS

Charakter: *Kurzweilige Unternehmung am Südabfall des Mittleren Harzes mit sportlicher Note. Meist verkehrsarme Nebensträßchen sowie Forst-, Wirtschafts- und Radwege; eine lange und anstrengende Auffahrt, ein bißchen Orientierungssinn ist gefordert.*

Länge: *41 km.*

Fahrzeit: *3½ Stunden, Wanderrunde am Kranichteich zusätzlich ½ Stunde Gehzeit.*

Ausgangspunkt: *Walkenried, am Südrand des Mittleren Harzes, östlich Bad Sachsa.*

Höhe des Ausgangspunktes: *280 m.*

Routenverlauf: *Walkenried – Bad Sachsa (7 km) – Osterhagen (9 km) – Bad Lauterberg (5 km) – Wieda (13 km) – Walkenried (7 km).*

Höchster Punkt: *625 m.*

Höhenunterschied: *530 m.*

Konditionelle Anforderungen: *schwer.*

Anschlußtouren: *In Walkenried Tour 25, in Bad Lauterberg Tour 21.*

Karte: *Radwanderkarte des Niedersächsischen Landesverwaltungsamtes, 1:75.000, Blatt RC4526 Goslar.*

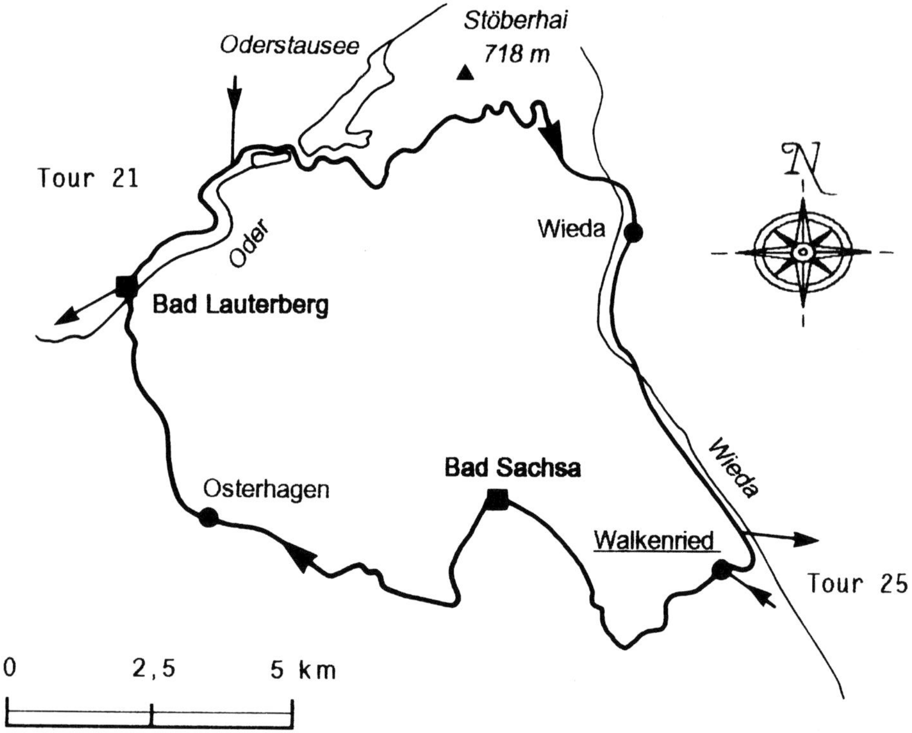

rätselhaften Zwergenvolk bewohnt sein, so zumindest die Sage.
Bad Sachsa ist Heilklimatischer Kurort. Wir folgen nach der Kirche der Schillerstraße berauf, biegen links in die Bundesstraße ein und fahren gleich wieder rechts über die Kuppe nach *Tettenborn-Kolonie*. Am Ortsanfang trägt uns

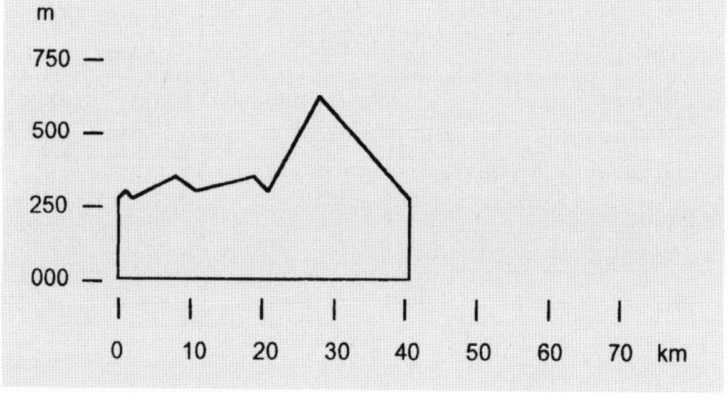

der Fliederweg, im weiteren Verlauf als Wirtschaftsweg, zu einem Bauernhof. Anschließend wollen wir den kurzen Abstecher zur Römerstein-Schutzhütte anhängen. Die leuchtende, unvermittelt aus einer Wiese emporragende Zechsteinwand des Römersteins, Überrest eines einstmals viel mächtigeren Riffs, besticht immer noch mit einer beachtlichen Höhe.
Wir radeln, wieder zurück an der Gabelung, geradeaus, schlagen einen Links-rechts-Haken über den Steinaer Bach und biegen links in die B 243 ein, die uns hinüber nach *Osterhagen* leitet. Nach kurzer aber flotter Abfahrt kutschieren wir durch eine Wiesenmulde und über eine Kuppe mit prächtigen Einblicken zu den Harzhöhen nach *Bad Lauterberg*.
Weiter geht's nun Richtung Braunlage. Beim Restaurant »Zum Oderstausee« schwenken wir rechts ab über den Staudamm und radeln am Seeufer entlang zum Campingplatz. Die hier ansetzende, langgezogen über den Mischwaldhang emporkletternde Forststraße verlangt, gleich ob eifrig in die Pedale gestemmt oder schiebend, eine gehörige Portion Ausdauer ab. Sie entschädigt zuletzt mit schönen Tiefblicken auf den

TIPS

Auskunft:

- *Fremdenverkehrsgesellschaft*
  »Im Südharz«
  Steinweg 4
  37445 Walkenried
  Tel. (05525) 357, 807

- *Kurbetrieb Bad Sachsa*
  Am Kurpark 6
  37441 Bad Sachsa
  Tel. (05523) 3009-0.

- *Kurverwaltung Bad Lauterberg*
  Ritscherstraße 3
  37431 Bad Lauterberg
  Tel. (05524) 4021

- *Fremdenverkehrsgesellschaft*
  »Im Südharz«
  Otto-Haberlandt-Straße 49
  37447 Wieda
  Tel. (05586) 222

Anfahrt:
Walkenried ist mit der Bahn erreichbar.

Aktivitäten:
Forstlehrpfad in Bad Sachsa, Waldlehrpfad in Bad Lauterberg und Waldläuferweg in Wieda. Pferdekutschfahrten in Bad Sachsa und Bad Lauterberg. Bootfahren auf dem Schmelzteich im Kurpark Bad Sachsa und auf dem Wiesenbeker Teich östlich Bad Lauterberg. Freizeit- und Spaßbad Salztalparadies in Bad Sachsa und Freizeit- und Erlebnisland Vitamar mit Riesenrutsche in Bad Lauterberg.

TIPS

Veranstaltungen:
Sommerkonzerte in Walkenried. Kurkonzerte und Tournee-Theater in Bad Sachsa; Märchengrund (Märchenvorstellungen) im Katzental westlich Bad Sachsa. Konzerte, Theatergastspiele und Harz-Heimatabende in Bad Lauterberg.

Sehenswert:
- *Walkenried: Ehemaliges Zisterzienserkloster (bedeutendstes seiner Art in Deutschland); Walkenrieder Teiche (Vogelschutzgebiet und Naturwaldreservat); Antikhof.*
- *Bad Sachsa: Kurpark; Sachsenstein östlich der Stadt; Falkenhof mit Greifvögeln auf dem Katzenstein westlich der Stadt; Kranichteiche südöstlich der Stadt.*
- *Römerstein südlich Steina.*
- *Bad Lauterberg: Heimatmuseum; Bergbaustollen Aufrichtigkeit; Oderstausee nordöstlich des Ortes; Wiesenbeker Teich östlich des Ortes.*
- *Wieda: ehemalige Hammerschmiede mit Wasserrad.*

Stausee und die Waldwellen des südlichen Oberharzes. Bei der Schutzhütte am Jagdkopf, unterhalb der Nadelwaldkuppe des Stöberhais, haben wir die Paßhöhe erreicht, mit 625 m der höchster Punkt der Fahrt.
Kurz darauf halten wir uns an der Gabelung rechts und folgen weiterhin der Straße, unter der Stromleitung hindurch talwärts. Gipfelsammler lassen es sich wahrscheinlich nicht nehmen, dem 718 m hohen Berghaupt vollends aufs Dach zu kurbeln.
Nur im Mittelteil weist unsere Abfahrt durchs Frankental nach *Wieda* einen gediegenen Abschnitt auf, ansonsten lassen die flotten Mischwaldkehren ordentlich Fahrtwind spüren. Nach dem langen, von Waldeshöhen eingeschlossenen Kurort, trägt uns ein zügig verlaufender Radweg durch das Wiesental der Wieda zurück nach *Walkenried.*

Tour 23: Rund um Hohegeiß

Eines Tages mühte sich ein altes Weiblein, schwerbepackt mit Lebensmittelvorräten, durch den nebligen Wald mit den riesigen Fichten auf die ärmlichen Hütten im Tal der jungen Rappbode zu. Auf einem Stein ließ sie sich erschöpft nieder, um die schmerzenden Fußsohlen etwas erholen zu lassen, und schlief dabei ein. Ein des Wegs ziehender junger Jägersmann sah in der schlummernden Alten nichtsahnend einen Ruhestein und nahm sinnend darauf Platz. Das unsanft geweckte Weiblein fuhr ihn entrüstet an: »Ben - eck - en - Stein?« Seither heißt die einstige Waldhüttensiedlung bei den Quellen der Rappbode *Benneckenstein*. So erzählt es die Sage.
Nach der Überlieferung geht die Geschichte des Luftkurorts im Bundesländereck ebenfalls auf einen bestimmten Stein zurück. Ein gewisser Bennico, Anführer des im 11. Jahrhundert von Norden her eingewanderten Holsatenstammes, soll seine Behausung auf einem Felsen im Tal der Rappbode errichtet haben, dem »Stein des Bennico«.
Heute darf man sich wieder frei bewegen und unterhalten in dem liebenswürdigen Harzstädtchen.

INFOS

Charakter: *Eindrucksvolle Kurbelaktion durchs Dreiländereck Sachsen-Anhalt - Thüringen - Niedersachsen, im Südteil des Mittleren Harzes. Vorwiegend mäßig befahrene Nebenstraßen, mehrere kurze Anstiege und eine lange, kraftfordernde Auffahrt.*

Länge: *38 km.*

Fahrzeit: *3 Stunden.*

Ausgangspunkt: *Benneckenstein, im südöstlichen Mittleren Harz, zwischen Braunlage und Nordhausen.*

Höhe des Ausgangspunktes: *530 m.*

Routenverlauf: *Benneckenstein – Sülzhayn (10 km) – Ellrich (4 km) – Zorge (6 km) – Sorge (14 km) – Tanne (1 km) – Benneckenstein (3 km).*

Höchster Punkt: *600 m.*

Höhenunterschied: *500 m.*

Konditionelle Anforderungen: *schwer.*

Anschlußtouren: *In Benneckenstein Tour 24, in Ellrich Tour 25, in Sorge Tour 9.*

Karte: *Regionalkarte des Niedersächsischen Landesverwaltungsamtes, 1:100.000, Blatt 16 »Der Oberharz und seine Randlandschaften«.*

Dies war keineswegs immer so. Unter der Feudalherrschaft der Grafen von Honstein und Schwarzburg war in dem bereits ab dem späten 14. Jahrhundert geteilten Ort beispielsweise Müßiggang und Geschwätz oder Aufenthalt in der Schenke unter Androhung von Gefängnisstrafen untersagt.
Neben dem Erzbergbau und der Verhüttung wurde die Stadt mit der lebendigen Folklore vor allem durch die zahlreichen Nagelschmieden, die Zündholzfabrikation und die Herstellung von verschiedensten hölzernen Haushaltsgegenständen bekannt. Sogar Holzfahrräder bauten die fleißigen Benneckensteiner Handwerker.
Vom Bahnhof rollen wir hinunter in die Stadt, halten uns Richtung Nordhausen und kurbeln jenseits der Rappbodebrücke bergan durch Nadelwald hinüber ins benachbarte Bundesland Thüringen. Kurz nach der Landesgrenze

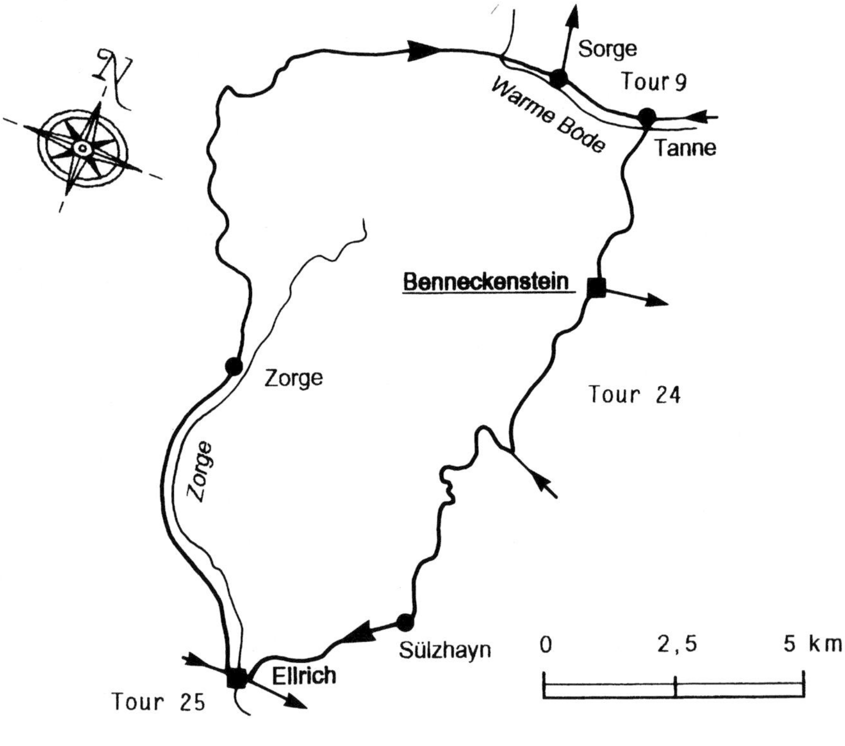

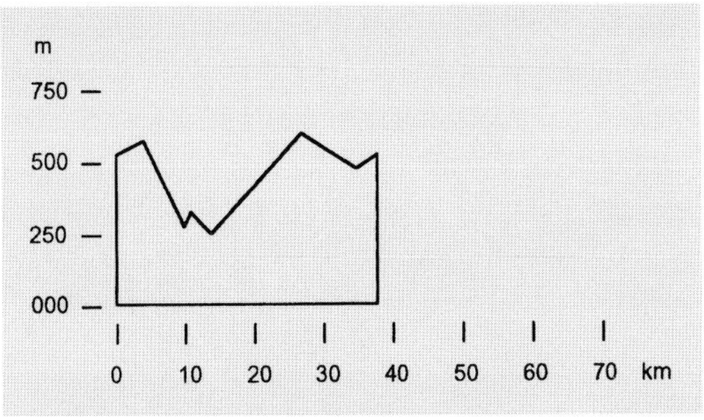

biegen wir in die Vorfahrtsstraße Richtung Braunlage ein und wählen anschließend am Parkplatz das links talwärts führende Forststräßchen. An der nächsten Gabelung entscheiden wir uns für die linke geteerte Forstfahrbahn und lassen die Untersätze an der darauffolgenden Gabelung, wieder links abbiegend, weiter durch den erholsamen Mischwald hinunter sausen. Ein begeisternder Gleitkurs.

Eine öffentliche Straße trägt uns schließlich dem einsam gelegenen Kurort *Sülzhayn* entgegen. Die 10 Prozent steile Steigung nach *Ellrich* verlangt kurzzeitig einen sportlichen Antritt, bevor uns der Kurs bergab zum Südfuß des Mittleren Harzes und an ein paar Weihern vorbei hinein in das Städtchen trägt.

Auf der Route nach Zorge kommen wir an sehr alten, sehenswerten Gebäuden vorbei. Durch das breite Tal der Zorge geht's nun auf den sanft gewellten Harzrand zu und über den ehemaligen innerdeutschen Grenzstreifen. Hier verengt sich das Flußtal hinauf nach *Zorge*. Wir fahren in dem versteckt gelegenen Dorf Richtung Braunlage und können nun so richtig unseren Sportsgeist entfalten. Die anhaltende Steigung durch das mischwaldbestandene Tal empor geht mit der Zeit hart an die Reserven.

Auf 600 m Höhe, dem »Hochpunkt« unserer Tour, ist die Paßhöhe erreicht. Ein reiner Nadelwald hat die leuchtenden Buchen verdrängt. Wir schwenken nach wenigen Abfahrtsmetern in die Braunlager Route ein, die wir jedoch gleich wieder Richtung Hohegeiß verlassen.

Ein Stück nehmen wir bald darauf mit der sanft talwärts führenden Bundesstraße nach Bad Harzburg vorlieb, dann geht's auf der B 242 Richtung Hasselfelde, entlang dem vergnügt mäandernden Brunnenbächlein durch eine schöne Wiesenaue zurück nach Sachsen-Anhalt. Die Warme Bode begleitet nun unsere beschauliche Fahrt übers Hochland, vorbei am Luftkurort *Sorge*. Im benachbarten *Tanne* steuern wir am Ortsbeginn über das Flüßchen und radeln durch das Wäldchen hinauf, zurück nach *Benneckenstein*.

TIPS

Auskunft:

- *Kurverwaltung Benneckenstein*
  Bahnhofstraße 22c
  38877 Benneckenstein
  Tel. (039457) 2231

- *Gemeindeverwaltung Sülzhayn*
  Dr.-Kremser-Straße 38
  99755 Sülzhayn
  Tel. (036332) 240

- *Stadtverwaltung Ellrich*
  Karl-Marx-Straße 8
  99754 Ellrich
  Tel. (036332) 391, 392

- *Fremdenverkehrsgesellschaft*
  »Im Südharz«
  Am Kurpark 4
  37449 Zorge
  Tel. (05586) 251

- *Gemeindeverwaltung Sorge*
  Benneckensteiner Straße 6
  38875 Sorge
  Tel. (039457) 3239

Anfahrt:

Benneckenstein ist mit der Bahn erreichbar.

Aktivitäten:

Naturlehrpfade in Benneckenstein und Tanne sowie Forstlehrpfad in Zorge. Bootfahren auf dem Gondelteich und Kutschfahrten in Benneckenstein.

Veranstaltungen:

Rege besuchtes Finkenmanöver (Sängerkrieg) an Pfingsten in Benneckenstein.

Sehenswert:

- *Benneckenstein: Alte Pfarre (Wohnhaus des Organisten und Musiktheoretikers Andreas Werckmeister); Waldbühne; Kurpark.*
- *Ellrich: Bürgergarten; Frauenbergskirche.*
- *Zorge: Heimatmuseum; Ruine Klein Staufenberg nördlich des Kurortes.*
- *Sorge: Faktorei; Gondelteich; Wasserfall; Freiland-Grenzmuseum.*
- *Tanne: Kurpark mit Alpinum und Köhlerhütten; Heimatstube.*

Tour 24: Zwischen Rappbodetalsperre und Beretal

Vom Bahnhof in *Hasselfelde* lenken wir über die Hasselbrücke, fahren bergauf ins Dorf und nehmen die Hauptstraße zur Kirche. Die Bundesstraße nach Halberstadt benützen wir nur über die mäßig steile Anhöhe hinauf in den Wald. Dort zweigen wir auf das stille Sträßchen Richtung Jagdschloß Windenhütte ab. In reizvoller Kurverei halten wir uns stets an die Hauptroute durch das erholsame Waldgebiet, bis uns die Vorfahrtsstraße über eine kurze Abfahrt hinunter nach *Stiege* trägt. Weiter geht's Richtung Nordhausen und nach dem See bergan durchs Dorf. Ein Stück pedalieren wir über die Wiesen, dann hat uns der weite Mischwald verschluckt. Bald setzt eine begeisternde Talfahrt an, die sich auch auf der nur mäßig stark befahrenen Bundesstraße Richtung Nordhausen fortsetzt, entlang des reizvollen Tiefenbachs hinüber ins Bundesland Thüringen.
Man versäume bei all der Abfahrtseuphorie nicht, kurz nach der Einmündung des Tiefenbachs in die Bere auf das schmale, herausfordernde Waldsträßchen nach *Sophienhof* abzubiegen. Das einsame und andauernde Muskeltraining hinauf zu der auf einer

INFOS

Charakter: *Beschauliches Strampelvergnügen im westlichen Unterharz. Neben verkehrsarmen Nebensträßchen auch kleine Abschnitte auf stärker befahrenen Bundesstraßen, kurze anspruchsvolle Auffahrt, schöne Talfahrt.*

Länge: *45 km.*

Fahrzeit: *3½ Stunden.*

Ausgangspunkt: *Hasselfelde, im Unterharz, südwestlich Blankenburg.*

Höhe des Ausgangspunktes: *460 m.*

Routenverlauf: *Hasselfelde – Stiege (12 km) – Rothesütte (17 km) – Benneckenstein (5 km) – Trautenstein (6 km) – Hasselfelde (5 km).*

Höchster Punkt: *610 m.*

Höhenunterschied: *370 m.*

Konditionelle Anforderungen: *mittel.*

Anschlußtouren: *Zwischen Hasselfelde und Stiege Tour 12, zwischen Rothesütte und Benneckenstein Tour 23.*

Karte: *Regionalkarte des Niedersächsischen Landesverwaltungsamtes, 1:100.000, Blatt 16 »Der Oberharz und seine Randlandschaften«.*

Mit Volldampf voraus, quer durch den Harz!

Harzquer- und Brockenbahn – Selketalbahn – Rübelandbahn. Der Harz präsentiert mit etwa 130 km Gesamtlänge das umfassendste Schmalspurnetz in Deutschland. Für Radreisende ist dieser zusammenhängende Schienenstrang eine erfreuliche Ausgangssituation, sind doch somit auch viele hochgelegene Orte mit der Bahn erreichbar.

Schmucke kleine Fachwerkbahnhöfe gliedern sich harmonisch in die Landschaft. Die an den vielen saftigen Steigungen fürchterlich schnaubenden und prustenden Dampfrösser, eingehüllt in mächtige, schwarze Qualmwolken, und dennoch allemal umweltfreundlicher als nervige, unzeitgemäße Autokolonnen, verleihen der Erholungslandschaft Harz ein nostalgisches Gepräge. Eine Durchschnittsgeschwindigkeit von rund 20 km/h läßt die landschaftliche und kulturelle Mannigfaltigkeit des Harzes beschaulich an dem Reisenden vorbeiziehen. Ganz korrekt ist es natürlich nicht, wenn man allgemein von Schmalspurbahnen spricht, befährt doch die Rübelandbahn von Blankenburg über Elbingerode nach Königshütte eine regelspurige Strecke.

Einst erschloß ein wesentlich größeres Schienennetz, meist Stichbahnen, das lange Zeit geteilte Mittelgebirge. Doch mit dem Ausbau des Straßennetzes wurden sämtliche Linien im Oberharz stillgelegt. Geblieben sind viele Verbindungen im Ostharz, obwohl der Güterverkehr seit 1989 sehr stark zurückgegangen ist. Für die Touristen sind die Harzbahnen eine Attraktion geblieben.

Wäre da nicht der noch ausstehende Lückenschluß Vienenburg - Wennerode - Stapelburg - Ilsenburg über die ehemalige Grenzzone, so könnte man zudem von einer geschlossenen Ringverbindung um den gesamten Harz sprechen. 1996/97 soll es voraussichtlich soweit sein. Die ursprünglich nach der Wende geplante, direkte Verbindung von Bad Harzburg nach Stapelburg, die sogenannte Eckertal-Variante, ist somit endgültig vom Tisch.

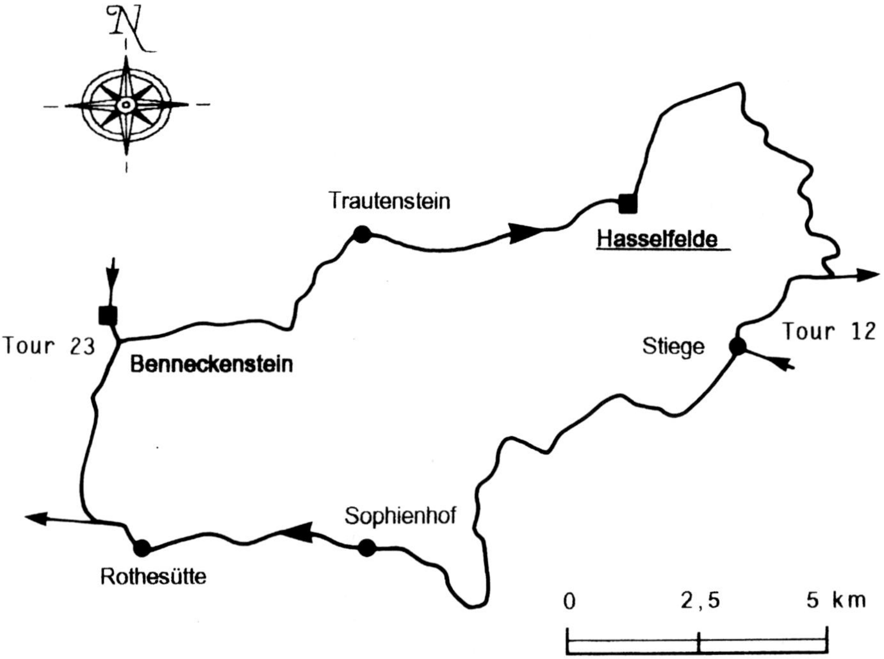

Rodungsfläche gelegenen Häuseransammlung trennt die Spreu vom Weizen.
Der Schleichwegkurs führt uns durch einen ausgedehnten Nadelwald und an einem verschwiegenen Tümpel vorbei. Eine wohltuende Waldeinsamkeit wie in skandinavischen Breiten, so recht zum Abschalten. Nach einer kurzen Abfahrt von der höchsten Stelle unserer Unternehmung (610 m) treffen wir in *Rothesütte* ein. Über die Anhöhe Richtung Braunlage nach *Benneckenstein* und somit wieder zurück nach Sachsen-Anhalt, müssen wir wieder mal etwas kräftiger in die Pedale treten.
In dem Städtchen mit dem bewahrten Ortsbild und den auffallend langen Häuserreihen radeln wir Richtung Hasselfelde. Bevor wir durch das anmutige Wiesental der mäandernden Rappbode kutschie-

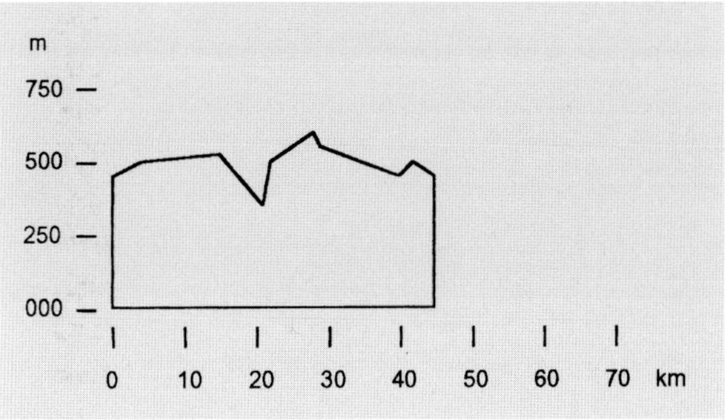

TIPS

Auskunft:

- *Kurverwaltung Hasselfelde*
  Lindenstraße 3a
  38899 Hasselfelde
  Tel. (039459) 369

- *Fremdenverkehrsverein Stiege*
  Lange Straße 10
  38899 Stiege
  Tel. (039459) 229

- *Kurverwaltung Benneckenstein*
  Bahnhofstraße 22c
  38877 Benneckenstein
  Tel. (039457) 2231

- *Kurverwaltung Trautenstein*
  Hasselfelder Straße 1
  38899 Trautenstein
  Tel. (039459) 959

Anfahrt:
Hasselfelde ist mit der Bahn erreichbar.

Aktivitäten:
Naturlehrpfad in Benneckenstein. Bootfahren auf den Ruderteichen in Hasselfelde und Stiege sowie auf dem Gondelteich in Benneckenstein. Kutschfahrten in Hasselfelde und Benneckenstein.

Veranstaltungen:
Rege besuchtes Finkenmanöver (Sängerkrieg) an Pfingsten in Benneckenstein.

Sehenswert:

- *Hasselfelde: Fachwerkfassaden am Marktplatz; Trageburg (13. Jahrhundert).*
- *Stiege: Schloß; kleinste Bahn-Wendeschleife Europas am Bahnhof; Naturdenkmal Alte Eiche; Selkequelle und Ruinenreste der Selkekirche südöstlich des Ortes.*
- *Benneckenstein: Alte Pfarre (Wohnhaus des Organisten und Musiktheoretikers Andreas Werckmeister); Waldbühne; Kurpark.*
- *Trautenstein: Holzkirche auf dem Druidenstein; Chronistenstübchen, Heimatstube.*

ren, lassen wir die Untersätze durch ein Wäldchen talwärts rollen. Die letzte Etappe über *Trautenstein* nach *Hasselfelde* folgen wir der zügig verlaufenden Bundesstraße.

Tour 25: Von Nordhausen nach Walkenried

Startpunkt ist die Bahnhaltestelle *Nordhausen-Salza*. Wir rollen über die Geleise und strampeln auf einem verkehrsarmen Sträßchen leicht bergan über die Felder nach *Herreden* und durch ein Bachtälchen weiter nach *Hörningen*. Auf dem folgenden Abschnitt Richtung Woffleben genießt man von der Kuppe schöne Ausblicke über die Waldhügel zum Harzrand.
Anschließend radeln wir hinüber nach *Mauderode* und kurz bergab nach *Gudersleben*. Im Ort halten wir uns Richtung Bad Sachsa und kutschieren stets über Getreideland durch das sich weitende Tal der Wieda. Nach der Wiedabrücke biegen wir Richtung Walkenried ab und kommen nach *Wiedigshof*. Hier verlief die ehemalige Zonengrenze.
Bald darauf wählen wir den Abstecher auf einem Wirtschaftsweg, der Beschilderung »Karstwanderweg« folgend, zum Steinbruch und weiter zum Naturschutzgebiet Itelteich. Dieses eingewachsene Naturjuwel mit den gleichnamigen, hinter dem Teich aufragenden Felsklippen sieht überhaupt nicht nach künstlichem Aufstau aus. Mönche des Zisterzienserklosters

INFOS

Charakter: *Beschauliche Spazierfahrt im hügeligen, südlichen Vorland des Unterharzes. Durchwegs wenig befahrene Nebenstraßen, leichte Steigungen.*

Länge: *38 km.*

Fahrzeit: *3 Stunden.*

Ausgangspunkt: *Nordhausen-Salza, am Südrand des Unterharzes.*

Höhe des Ausgangspunktes: *190 m.*

Routenverlauf: *Nordhausen-Salza – Herreden (3 km) – Gudersleben (6 km) – Walkenried (10 km) – Ellrich (4 km) – Werna (3 km) – Niedersachswerfen (6 km) – Nordhausen-Salza (6 km).*

Höchster Punkt: *320 m.*

Höhenunterschied: *230 m.*

Konditionelle Anforderungen: *leicht.*

Anschlußtouren: *In Nordhausen-Salza Tour 28, in Walkenried Tour 22, in Ellrich Tour 23.*

Karte: *Regionalkarte des Niedersächsischen Landesverwaltungsamtes, 1:100.000, Blatt 16 »Der Oberharz und seine Randlandschaften«.*

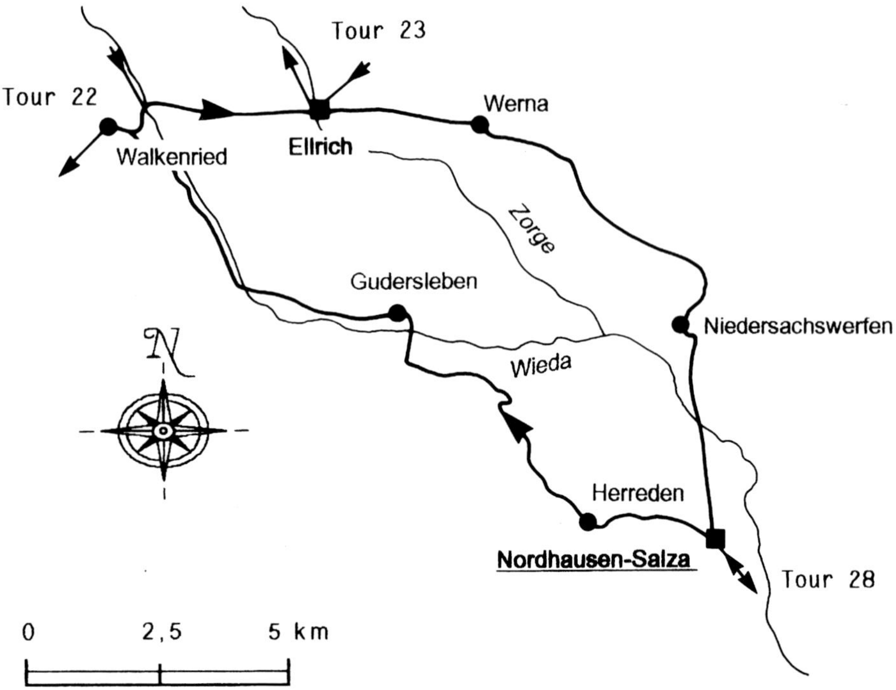

Walkenried hatten diesen Teich einst als Fischgewässer angelegt. Anschließend dirigieren wir unsere Untersätze zurück zur Straße und hinein nach *Walkenried*. Beeindruckend sind am Ortseingang die hochaufragenden Ruinen der ehemaligen gotischen Klosterkirche, deren Sanierung mit bedeutenden Kosten verbunden war. Nach dem Torbogen orientieren wir uns am Wegweiser »Gewerbegebiet« und queren den ehemaligen Grenzstreifen hinüber ins Städtchen *Ellrich*. Zur Linken schlummern die Harzberge unter ihrem wallenden Waldmantel.

Wir beachten die Beschilderungen »Halle« und »Sülzhayn« und pedalieren über sanft gewelltes

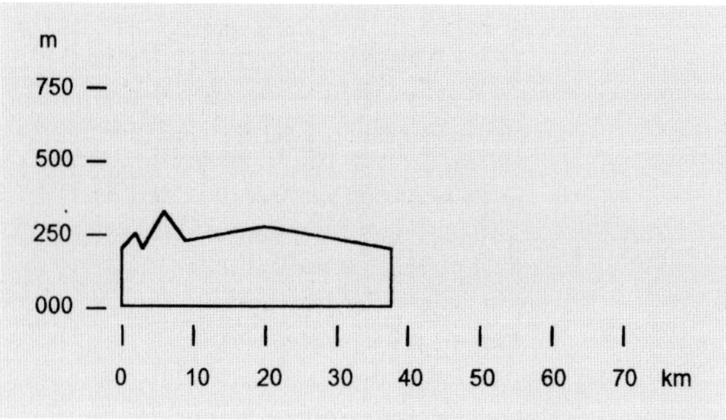

Ackerland – im Süden rücken leuchtende Felspartien ins Blickfeld – nach *Werna. Appenrode* heißt der nächste Ort, den wir nach einem kleinen Anstieg Richtung Nordhausen erreichen. Dann können wir auf dem zügigen Abschnitt nach *Niedersachswerfen* unseren Speichengäulen mal so richtig die Sporen geben.
Nach der Berebrücke lenken wir in die Hoheitsstraße und fahren an der sehenswerten, alten Kirche mit der Natursteinfassade vorbei in die Alexander-Puschkin-Straße. Links in die Vorfahrtsstraße einbiegend, leitet uns die Große Bahnhofstraße über die Geleise in die Leipziger Straße. Im weiteren Verlauf führt uns ein Radweg durchs große Betriebsgelände. Hinter der Zorgebrücke nehmen wir schließlich die »Straße der OdF« zurück nach *Nordhausen*.

TIPS

Auskunft:

- *Tourist-Information Nordhausen*
  Töpferstraße 42
  99734 Nordhausen
  Tel. (03631) 8433

- *Fremdenverkehrsgesellschaft*
  »Im Südharz«
  Steinweg 4
  37445 Walkenried
  Tel. (05525) 357, 807

- *Stadtverwaltung Ellrich*
  Karl-Marx-Straße 8
  99754 Ellrich
  Tel. (036332) 391, 392

Anfahrt:
Nordhausen-Salza ist mit der Bahn erreichbar.

Aktivitäten:
Naturlehrpfad Karstquelle bei Nordhausen.

Veranstaltungen:
Sommerkonzerte in Walkenried.

Sehenswert:

- *Nordhausen: Dom zum Hl. Kreuz; Blasiikirche; Rathaus mit Roland; Reste der Stadtmauer; alte Fachwerkbauten und Brunnen; Meyenburgmuseum (Stadtgeschichte, gotische Kirchenkunst); Stadtpark mit Wildgehege.*
- *Walkenried: Ehemaliges Zisterzienserkloster (bedeutendstes seiner Art in Deutschland); Naturschutzgebiet Itelteich südöstlich des Ortes; Walkenrieder Teiche (Vogelschutzgebiet und Naturwaldreservat); Antikhof.*
- *Ellrich: Bürgergarten; Frauenbergskirche.*

Tour 26: Von Neustadt zum Birkenkopf

INFOS

Charakter: *Herausfordernde Individualistenroute im südwestlichen Unterharz, neckischer Offroad-Parcours. Zum großen Teil Forstwege mit langen Schlaglochabschnitten, nur kurzzeitig öffentliche Straßen; lange und anstrengende Auffahrt; Orientierungssinn unerläßlich.*
Mountain Bike vorteilhaft.

Länge: *29 km.*

Fahrzeit: *3 Stunden.*

Ausgangspunkt: *Neustadt, am Südrand des Unterharzes, bei Nordhausen.*

Höhe des Ausgangspunktes: *260 m.*

Routenverlauf: *Neustadt – Birkenkopf (11 km) – Herrmannsacker (13 km) – Buchholz (1 km) – Neustadt (4 km).*

Höchster Punkt: *600 m.*

Höhenunterschied: *340 m.*

Konditionelle Anforderungen: *schwer.*

Anschlußtouren: *In Buchholz Tour 28.*

Karte: *Regionalkarte des Niedersächsischen Landesverwaltungsamtes, 1:100.000, Blatt 16 »Der Oberharz und seine Randlandschaften«.*

Der heutige Luftkur- und Erholungsort *Neustadt*, die Perle des Südharzes, fiel im Jahre 1678 bis auf drei Häuser einer Feuersbrunst zum Opfer. Über dem anmutig in einer Talsenke eingebetteten Ort thront die Burgruine Hohnstein. Die einstige Befestigungsanlage zählte vormals zu den größten mittelalterlichen Burgen des Harzes. Hohnstein ist im übrigen nicht die einzige Burg in der näheren Umgebung, da gibt es auch noch die Heinrichsburg und die Ebersburg.
Vom alten Tor fahren wir zur Kirche und folgen der Burgstraße bergan. Gepflegte, charakteristische Hausfassaden lenken dabei den Blick auf sich. Bei der großen Burggaststätte Hohnstein leitet die Schafgasse die kraftfordernde Kurbelaktion durch das Mischwaldtal hinauf in die Harzberge ein. Wir halten uns anfangs Richtung Hufhaus und bleiben auf dem Natursträßchen an einem idyllischen Waldtümpel vorbei stets der Hauptroute treu. Es ist dies die Alte Heerstraße. Der sportliche Kurs durch diese einsame Ecke kostet Kalorien. An der Gabelung auf einer Lichtung lädt uns ein netter Rastplatz zu einer verdienten Verschnaufpause. Ab hier zeigt

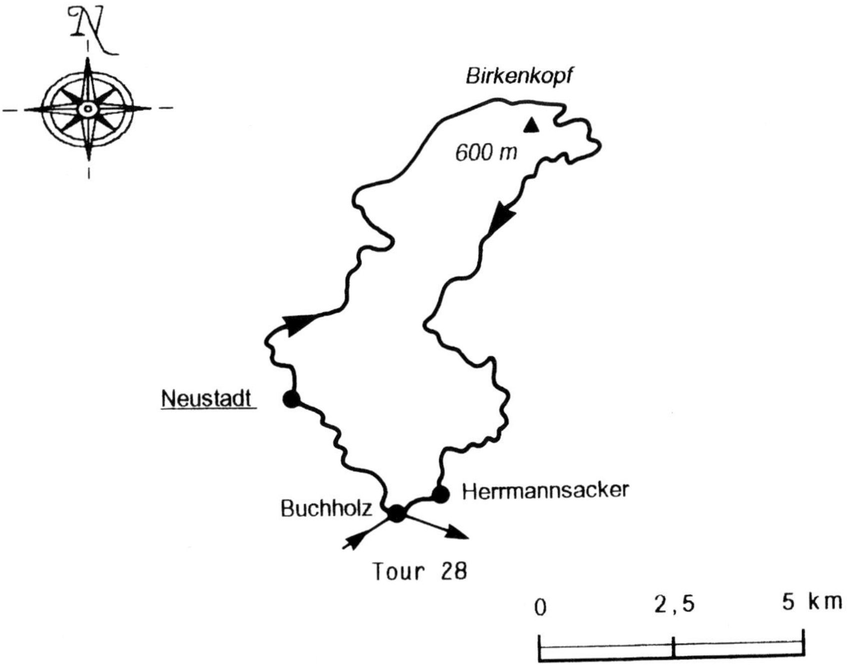

die Route ihre gemütlichere Seite. Wir setzen den unvergeßlichen Schleichwegkurs fort über die Anhöhe Richtung Breitenstein und bleiben auch an der Gabelung nach der scharfen Rechtskurve auf dem nochmals kurz ansteigenden, nun grob steinigen Forstweg der Breitensteiner Route treu. Auf einem kurzen Waldweg-Abstecher erreichen wir den höchsten Punkt des Birkenkopfs, genau 600 m hoch, und gleichzeitig höhenmäßig der Umkehrpunkt unserer Thüringer Bergrunde. Leider behindern die zahlreichen Bäume ringsum unsere Aussicht.

Zurück auf dem Forstweg, folgen wir weiter der Rüttelstrecke und holpern leicht bergab. An der nächsten Hauptgabelung beachten wir den Wegweiser »Ebersburg« und jonglieren unsere Untersätze auf der neckischen Schlaglochroute wieder sanft bergan – fast eine zirkusreife Nummer. Nach der flachen Etappe versichert uns der

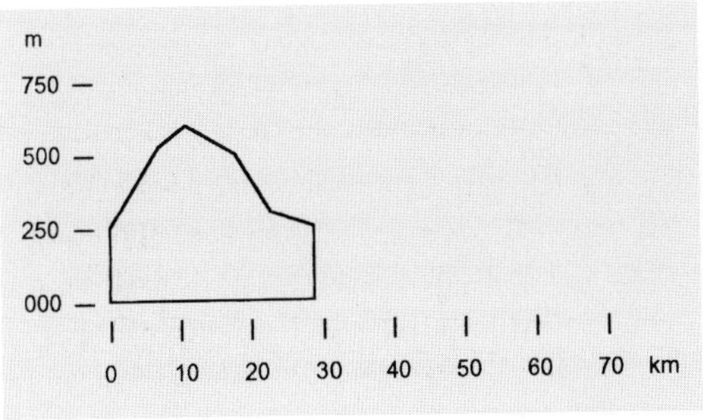

TIPS

Auskunft:

- *Kurverwaltung Neustadt*
  Burgstraße 48
  99762 Neustadt
  Tel. (036331) 277

Anfahrt:
Vom nächstgelegenen Bahnhof in Niedersachswerfen sind es 5 km bis Neustadt.

Aktivitäten:
Pferdekutschfahrten und Bootfahren auf dem Gondelteich in Neustadt.

Veranstaltungen:
Burgfeste auf der Burgruine Hohnstein, Harzer Folkloreabende und Köhlerfeste in Neustadt.

Sehenswert:

- *Neustadt: Alte Fachwerkhäuser; Altes Tor; überlebensgroßer Eichenholz-Roland am Ratskeller; St. Georgskirche; Burgruine Hohnstein mit Mammutfichte; Reste der Heinrichsburg nördlich des Ortes; Löns-Denkmal.*
- *Ebersburg nördlich Herrmannsacker.*

Radwegweiser »R4«, daß wir noch auf dem richtigen Weg sind. Vom begeisternden Rastplatz auf der großen Lichtung verlangt uns die ausgewaschene Forstpiste Richtung Herrmannsacker, nun gleichzeitig Naturlehrpfad, weiterhin eine beachtliche Steuerkunst ab. Nach einem Platzregen eine belustigende Pfützensafari. Bald darauf beginnt der Geschicklichkeitskurs zu fallen. Beim Gasthaus Sägemühle hat die lange Kurvenabfahrt den Fuß des Harzes erreicht. Wir radeln auf dem Sträßchen kurz bergan nach *Herrmannsacker* und steuern hinüber ins benachbarte *Buchholz*.
Dort nehmen wir die Hauptstraße, die uns in reizvollem Auf und Ab über eine vielgestaltige Hügellandschaft mit herrlichen Wiesengründen und zahlreichen Waldschöpfen zurück nach *Neustadt* trägt.

Tour 27: Über Stolberg auf den Großen Auerberg

Uftrungen liegt in einem Zechsteingürtel, der hier am Harzsüdrand mit hell leuchtenden und stark wasserlöslichen Gips- und Anhydritfelsen eine eigenwillige Karstszenerie prägt. Der Hauptteil der Gipslandschaft ist allerdings mit Wald und landwirtschaftlichen Flächen bedeckt. Wanderer finden hier einen 48 km langen Karstwanderweg, der von der Höhle Heimkehle bis nach Pölsfeld führt. Die Tier- und Pflanzenwelt in diesem Bereich ist vielgestaltig und weist mehrere gefährdete Arten auf. Hier kommt auch noch der Schwarze Apollo vor, eine höchst seltene Schmetterlingsart.
Wir radeln von der Bahnhaltestelle kurz auf der Straße Richtung Rottleberode und biegen zur Höhle Heimkehle ab. Die Höhle am Ostabfall des Alten Stolbergs mit ihrem reizvollen Seensystem ist die größte Schau-Gipshöhle Deutschlands. Ihr Gangsystem beläuft sich auf rund 2 km Länge, rund ein Drittel davon ist für die Öffentlichkeit zugänglich. Der Führungsweg verläuft von der »Herzyniahalle« durch die »Trümmerhalle«, durch den »Riesentunnel« und den »Großen Dom«, über den »Riegelgang« in den »Kleinen Dom« und zuletzt in den »Niedrigen Saal«.

INFOS

Charakter: *Entdeckungsreiche Bergfahrt im südlichen Unterharz. Mittelstark befahrene Straßen sowie Forststräßchen, etwas anstrengende Auffahrt, rauhe Talfahrt. Mountain Bike vorteilhaft.*

Länge: *35 km.*

Fahrzeit: *3½ Stunden.*

Ausgangspunkt: *Uftrungen, am Südrand des Unterharzes, östlich Nordhausen.*

Höhe des Ausgangspunktes: *185 m.*

Routenverlauf: *Uftrungen – Rottleberode (6 km) – Stolberg (5 km) – Auerberg (8 km) – Schwenda (7 km) – Uftrungen (9 km).*

Höchster Punkt: *580 m.*

Höhenunterschied: *400 m.*

Konditionelle Anforderungen: *mittel.*

Anschlußtouren: *In Uftrungen Tour 28, in Auerberg Tour 12.*

Karte: *Regionalkarte des Niedersächsischen Landesverwaltungsamtes, 1:100.000, Blatt 16 »Der Oberharz und seine Randlandschaften«.*

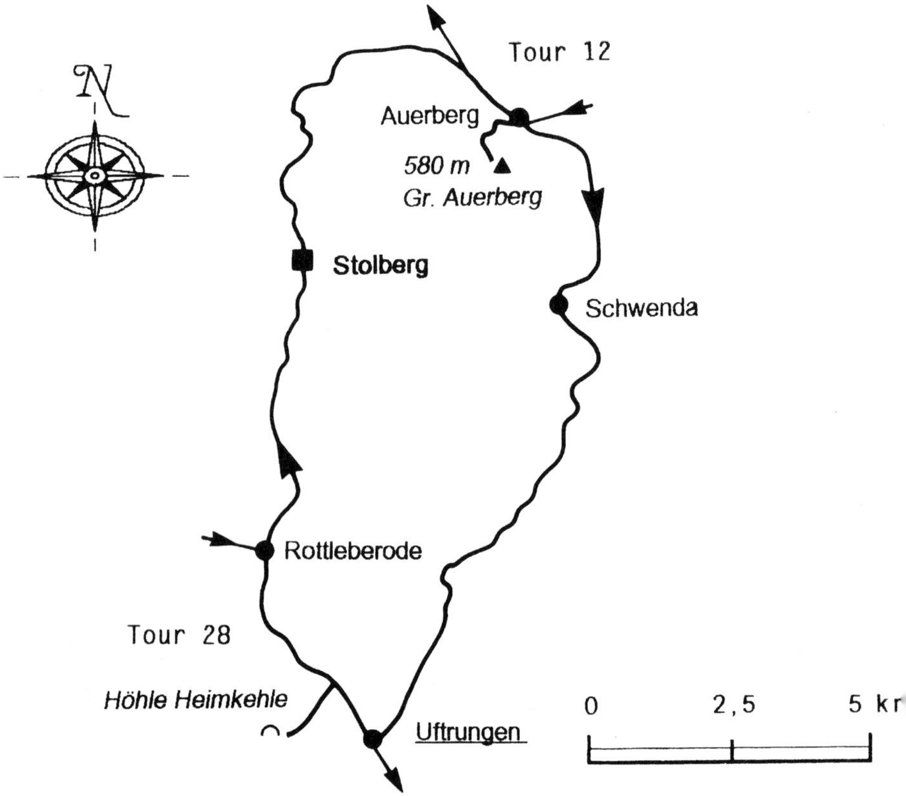

Leider wurde die bedeutsame Höhle im Zweiten Weltkrieg durch einen Rüstungsbetrieb und dessen Sprengung bei Kriegsende für alle Zukunft verschandelt. Die Nazis hatten in den versteckten Gewölben Konzentrationslager-Häftlinge zur Zwangsarbeit verpflichtet. Das heute zur Heimkehle gehörende Karstmuseum mit moderner Lasershow dient gleichzeitig als Forschungsstelle. Wir kehren zurück zur Hauptstraße und radeln hinein nach. *Rottleberode*.

Dort nimmt uns das nur unmerklich ansteigende, mit schönen Mischwäldern gekleidete Tal der Thyra auf und leitet uns hinein in die erfrischende Bergwelt des Unterharzes. *Stolberg*, eine alte Residenzstadt, erfreut den Besucher mit einem romantischen mittelalterlichen Stadtbild. Besondere Aufmerksamkeit verdient das treppenlose Rathaus. Die oberen Etagen sind nur über die Stufen der Kirchentreppe zu erreichen. Ob es wirklich so viele Fensterscheiben wie das Jahr Tage hat, läßt sich nachzählen. Die langen geschlossenen Fachwerk-Häuserreihen zählen zu den sehenswertesten des gesamten Harzes. Viele Fassaden mit schmucken Details verdienen eingehendere Betrachtung. Man könnte Stunden hier verbringen.

Die Route an der Schmalen Lude entlang Richtung Harzgerode verlangt nun einen kraftvollen Antritt und eine gewisse Portion Ausdauer. Leider ist dieser landschaftlich schöne Abschnitt auch beim motorisierten Ausflugsverkehr recht beliebt. Im Weiler *Auerberg* verlassen wir die Hauptroute nach einem Flachstück.

Der Wanderwegweiser »Alte Auerbergstraße« dirigiert uns auf das Natursträßchen zum Gipfel des Großen Auerbergs. Der 580 m hohe Berg, höchster Punkt unserer Pedalrunde, ist ein Härtling aus Quarzporphyr und bei Mineraliensammlern sehr gefragt. Er birgt Quarzkristalle (Stolberger Diamanten) und Orthoklaskristalle sowie Turmalin.

Das 38 m hohe und gut 120 Tonnen schwere eiserne Josephskreuz mit seinen 200 Stufen auf dem Gipfel des Großen Auerbergs löste im Jahre 1896 den durch einen Blitzeinschlag niedergebrannten Holzturm von 1834 ab, für den 365 Eichen ihr Leben lassen mußten. Man sagt, Alexandre Gutave Eiffel, ein bekannter französischer Ingenieur, kam eigens in den Harz, um von diesem Bauwerk für den Pariser Turmbau Anregungen zu gewinnen. Rund 100.000 Nieten sollen den Monsterbau angeblich verbinden. Der allererste Turm stammte aus dem 18. Jahrhundert und wurde wegen Baufälligkeit abgebrochen. Das Bauwerk in seiner jetzigen Form ist das größte eiserne Doppelkreuz der Welt.

Zurück im Weiler Auerberg, halten wir uns Richtung Rottleberode und kutschieren vom Waldende mit Rückblick zum Josephskreuz über die Felder nach *Schwenda*. Bei der Kirche beachten wir

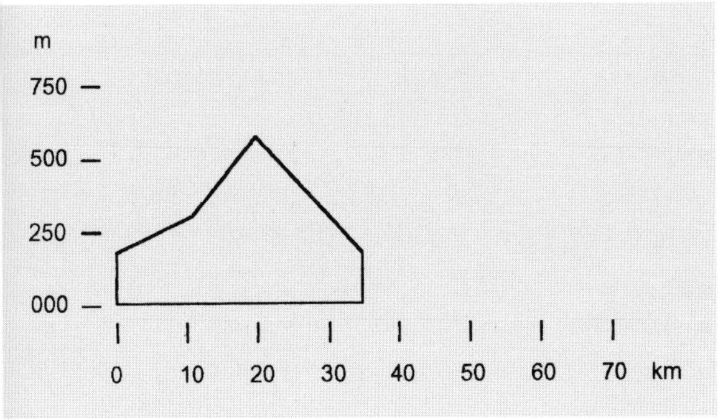

TIPS

Auskunft:

- *Gemeindeverwaltung Uftrungen*
  Hauptstraße 20
  06548 Uftrungen
  Tel. (034653) 625

- *Fremdenverkehrsamt Stolberg*
  Am Markt 5
  06547 Stolberg/Harz
  Tel. (034654) 454

Anfahrt:

Uftrungen ist mit der Bahn erreichbar.

Aktivitäten:

Pferdekutschfahrten in Stolberg. Badegewässer Schloßteich (Bootfahren) in Rottleberode und Weiher am Seeberg südöstlich Uftrungen.

Veranstaltungen:

Stolberger Folkloregruppen.

Sehenswert:

- *Uftrungen: Höhle Heimkehle nordwestlich des Ortes (größte Schau-Gipshöhle Deutschlands) mit Karstmuseum und Forschungsstelle; Karst-Naturschutzgebiete Kalkberg und Seeberge südöstlich des Ortes.*
- *Stolberg: Renaissance-Schloß aus dem Jahre 1542; Heimatmuseum mit Stolberger Münze (alte Münzwerkstatt), Thomas-Müntzer-Gedenkstätte, einer Jagdausstellung und Ausstellungen zur Stadt- und Bergbaugeschichte im Kulturhaus; Rathaus ohne Treppen; Saigerturm; schöne Fachwerkhäuser mit Schnitzereien wie das Museum Altes Bürgerhaus (Möbel und Hausrat aus dem 16. Jahrhundert, Schuhmacherwerkstatt).*
- *38 m hohes Josephskreuz auf dem Großen Auerberg mit Aussichtsplattform (größtes eisernes Doppelkreuz der Welt).*
- *Schwenda: achteckige Dorfkirche (nach dem Vorbild der Dresdener Frauenkirche errichtet).*

den Wanderwegweiser »Haseltal - Uftrungen« und lassen unsere Untersätze auf dem stillen Sträßchen durch das Nadelwaldtal zum Hotel Haselmühle laufen. Anschließend genießen wir trotz der grob steinigen Forstfahrbahn den verträumten Kurs am Haselbach entlang talauswärts. Der weltabgeschiedene Auwald beschert ein ursprüngliches Naturerlebnis zurück nach *Uftrungen*, an das man sich gerne erinnern wird.

Tour 28: Um den Alten Stolberg zur Talsperre Kelbra

Von der Bahnhaltestelle in *Nordhausen-Salza* lenken wir links in die Hauptstraße und folgen der Bochumer Straße über die Harz-Bahnlinie hinein nach *Nordhausen*. Durch die Stadt hindurch heißt's nun genau auf die Wegbeschreibung achten. Wir fahren Richtung Braunlage über die Zorgebrücke und überwinden, den Wegweiser »Oberstadt« beachtend, einen anstrengenden Aufschwung. Oberhalb steuern wir links in die Querstraße und kurz darauf in die Dr.-Robert-Koch-Straße. Nach der Straßenbahnüberführung geht's links in die Stolberger Straße und durch eine Senke mit weitem Talblick zur Goldenen Aue weiter nach *Petersdorf*. Der kurzweilige Berg- und Talkurs trägt uns nun nach *Buchholz*.
Über Getreidefelder und an einem Seelein vorbei radeln wir sanft bergab und kommen über *Stempeda* nach *Rottleberode*, bereits im Bundesland Sachsen-Anhalt gelegen. Sowohl von Buchholz als auch von Stempeda aus empfiehlt sich ein Besuch des Naturschutzgebietes Alter Stolberg.
Wir setzen den gemütlichen Pedalierkurs fort, mit Abstechermöglichkeit zur berühmten Höhle Heimkehle, über *Uftrungen* nach *Berga*.

INFOS

Charakter: *Ausgedehnte aber zügige Streckentour im südlichen Vorland des Unterharzes. Mäßig befahrene Straßen und kurzer Radweg-Abschnitt, bis auf kleine Aufschwünge nur sanfte Steigungen.*

Länge: *68 km.*

Fahrzeit: *5 Stunden.*

Ausgangspunkt: *Nordhausen-Salza, am Südrand des Unterharzes.*

Höhe des Ausgangspunktes: *190 m.*

Routenverlauf: *Nordhausen-Salza – Nordhausen (2 km) – Buchholz (7 km) – Rottleberode (7 km) – Uftrungen (5 km) – Berga (5 km) – Kelbra (4 km) – Talsperre Kelbra (4 km) – Nordhausen-Salza (34 km).*

Höchster Punkt: *340 m.*

Höhenunterschied: *340 m.*

Konditionelle Anforderungen: *mittel.*

Anschlußtouren: *In Nordhausen-Salza Tour 25, in Buchholz Tour 26, in Rottleberode Tour 27, in Kelbra Tour 30.*

Karte: *Regionalkarte des Niedersächsischen Landesverwaltungsamtes, 1:100.000, Blatt 16 »Der Oberharz und seine Randlandschaften«.*

Ponore, Uvalas und Orchideenwiesen

Östlich der thüringischen Stadt Nordhausen liegt das Naturschutzgebiet Alter Stolberg. In diesem ehemaligen Bergbaugebiet wurden früher Kupferschiefer und Marienglas gewonnen, ein vollkommen spaltbarer Gipsspat, der wegen seiner Durchsichtigkeit als Schutzglas für Marienbilder Verwendung fand.

Die eigenwillige Gipsstein-Karstlandschaft zeigt viele Dolinen. In Klüften eindringendes Regenwasser löste im Laufe der Zeit den Gips und bildete Hohlkammern, die irgendwann einstürzten und zu den Dolinentrichtern führten. Manche dieser Erdfälle sind als Ponore ausgebildet, das sind Schlucklöcher, auch Katavothren genannt, die selbst bei starken Regengüssen alles Wasser im Nu aufsaugen.

Eine Besonderheit unter den Dolinengruppierungen findet man in den südgerichteten Karsttälern. Dort reihen sich viele stark ausgeprägte Einbruchskessel hintereinander. Solche Dolinenketten sowie das Zusammenwachsen mehrerer Erdtrichter zu großen Schüsseldolinen nennt der Geologe nach einem slowenischen Begriff Uvalas. Das ansehnlichste dieser Dolinentäler ist die Saugasse mit rund 1 km Länge.

In dem Schutzgebiet gibt es außerdem einen wertvollen Bauernwald, artenreiche Laubgehölze mit einer vielfältigen Pflanzenwelt, beispielsweise verschiedene Orchideenarten auf Halbtrockenrasen und Steppenheidefluren. Manche dieser Pflanzengattungen kommen gewöhnlich weiter im Süden vor. Es existieren aber auch Arten, deren Standort das Hochgebirge ist. Für beide Gruppen von Natursehenswürdigkeiten, sowohl für die geologischen wie auch für die botanischen Erscheinungen, wird vom Besucher ein respektvolles Verhalten erwartet. Das Wegegebot gilt es in dieser empfindlichen Umgebung besonders zu beherzigen.

Dort queren wir die Bundesstraße und treffen bald darauf im Städtchen *Kelbra* ein.
Kelbra, das nördliche Tor zum Kyffhäuser, brannte im Jahre 1607 bis auf ein Dutzend Häuser und die heute 1000jährige Linde vor der Kirche nieder. Richtung Sondershausen fahrend, nimmt uns am Stadtrand ein Radweg auf und trägt uns zur riesigen Talsperre Kelbra.
Das Rückhaltebecken dient als Hochwasserschutz und Wasserreservoir für Trockenzeiten, daneben erfüllt es auch eine touristische Funktion und bietet zahlreichen Wasser- und Watvögeln ein neues

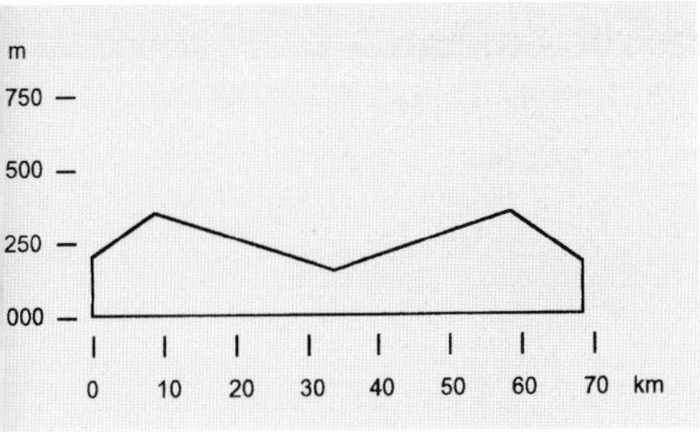

Refugium. Die botanisch wertvollen Solwiesen stehen unter Naturschutz. Von der Bronzezeit bis ins 17. Jahrhundert wurde hier Salz gewonnen.

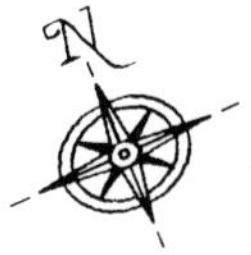

Südlich an die Talsperre schließt sich die Badraer Schweiz an, eine mannigfaltige Gipskarstlandschaft mit Dolinen, Karsttälern und kleinen Dolomitbergen. Eine Besonderheit unter den Karstformationen sind hier die sogenannten geologischen Orgeln, trichterförmige Vertiefungen im zerklüfteten Gipsfelsen. Beeindruckend in diesem Naturschutzgebiet ist auch die abwechslungsreiche Flora mit Raritäten wie dem Sumpf-Enzian.
Die auf manchen Karten einge-

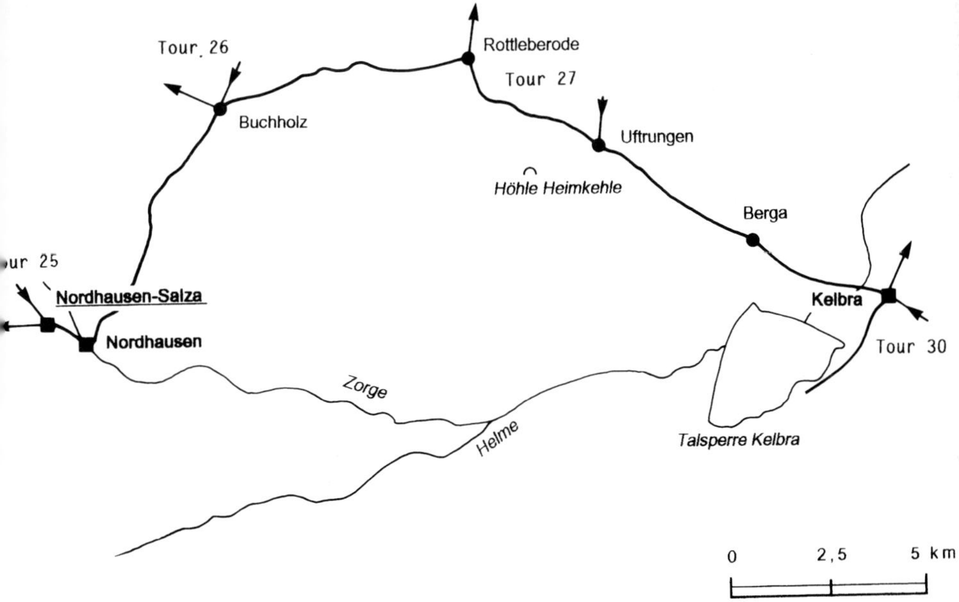

TIPS

Auskunft:

- *Tourist-Information Nordhausen*
  Töpferstraße 42
  99734 Nordhausen
  Tel. (03631) 8433

- *Gemeindeverwaltung Uftrungen*
  Hauptstraße 20
  06548 Uftrungen
  Tel. (034653) 625

- *Stadtverwaltung Kelbra*
  Lange Straße 8
  06537 Kelbra
  Tel. (034651) 6206

Anfahrt:

Nordhausen-Salza ist mit der Bahn erreichbar.

Aktivitäten:

Naturlehrpfad Karstquelle bei Nordhausen. Bootfahren auf dem Schloßteich (Baden) in Rottleberode und auf der Talsperre Kelbra, Baden zudem im Weiher am Seeberg südöstlich Uftrungen.

Sehenswert:

- *Nordhausen: Dom zum Hl. Kreuz; Blasiikirche; Rathaus mit Roland; Reste der Stadtmauer; alte Fachwerkbauten und Brunnen; Meyenburgmuseum (Stadtgeschichte, gotische Kirchenkunst); Stadtpark mit Wildgehege.*
- *Naturschutzgebiet Alter Stolberg (formenreiche Gipsstein-Karstlandschaft mit vielen Dolinen) zwischen Buchholz und Uftrungen.*
- *Uftrungen: Höhle Heimkehle nordwestlich des Ortes (größte Schau-Gipshöhle Deutschlands) mit Karstmuseum und Forschungsstelle; Karst-Naturschutzgebiete Kalkberg und Seeberge südöstlich des Ortes.*
- *Kelbra: Burgruine; Reste der Stadtmauer; 1000jährige Linde vor der Kirche; Storkauer Hof; St.-Georgi-Kirche; St.-Martini-Kirche; Reste des Zisterzienserklosters; Rothenburgruine mit Bismarckturm südlich der Stadt; Burg Kyffhausen aus dem 12. Jahrhundert mit Burgmuseum und Kyffhäuser-Denkmal (57 m hoch) südlich der Stadt; 85 m hohe Aussichtsplattform des Kulpenberg-Fernsehturms; Talsperre Kelbra mit Naturschutzgebiet; Badraer Schweiz (Gipskarstlandschaft mit Dolinen; kleinen Dolomitbergen und geologischen Orgeln) südlich der Talsperre.*

zeichnete Wegverbindung am Südufer der Talsperre entlang nach Auleben führt durch ein einsturzbedrohtes Karstgebiet und ist derzeit gesperrt. Der sehr schlechte Weg kann lediglich auf eine Länge von 2 km befahren werden. Wer zurück nach *Nordhausen* unbedingt eine Runde bilden möchte, muß auf den anstrengenden Wanderwegen über die Hügel bei Badra hinüber nach Auleben gezwungenermaßen ein bißchen seinen Pioniergeist spielen lassen. Will man dagegen auf Nummer sicher gehen, bleibt man vorzugsweise dem bereits bekannten Kurs treu. Auch die B 80 bietet sich wegen des hohen Verkehrsaufkommens kaum als Radroute an.

Tour 29: Von der Goldenen Aue zur Mooskammer

Wir starten am Bahnhof in *Roßla* und rollen über den Bahnübergang. Durchs Tal der Helme mit Blick zum Kyffhäuser-Denkmal Richtung Sangerhausen nehmen wir ein Stück die Bundesstraße. In *Bennungen* biegen wir nach *Wickerode* ab. Richtung Agnesdorf geht's anschließend leicht bergan an einem Teich vorbei und durch ein Waldtälchen an der Nasse entlang nach *Questenberg*. Innerhalb weniger Kilometer hat sich ein überraschender Landschaftswechsel vollzogen. Eben noch übers weite Getreideland der Goldenen Aue kutschierend, richten wir unseren Blick nun beeindruckt über steil aufragende, felsige Talflanken empor. Der geheimnisvolle Unterharz hat uns verschluckt. Am Questenstein linkerhand begrüßt uns an der oberen Hanglinie das Wahrzeichen des Ortes, die Queste. Der goße Reisigkranz spielt eine tragende Rolle beim Questenberger Heimatfest, das einmal im Jahr stattfindet.

INFOS

Charakter: *Landschaftlich wie geologisch eindrucksvolle Entdeckungsrunde in der noch wenig bekannten Südostecke des Unterharzes. Überwiegend verkehrsarme Nebenstraßen und abschnittsweise schlaglochreiche Natursträßchen, außer einer kurzen Steilauffahrt nur harmlose Anstiege, schöne Talfahrt, etwas Orientierungssinn vorteilhaft.*

Länge: *45 km.*

Fahrzeit: *3½ Stunden, Fußwanderung zum Periodischen See zusätzlich insgesamt ½ Std.*

Ausgangspunkt: *Roßla, am Südrand des Unterharzes, bei Kelbra.*

Höhe des Ausgangspunktes: *155 m.*

Routenverlauf: *Roßla – Bennungen (3 km) – Wickerode (2 km) – Questenberg (2 km) – Hainrode (5 km) – Großleinungen (3 km) – Morungen (4 km) – Rotha (9 km) – Roßla (17 km).*

Höchster Punkt: *450 m.*

Höhenunterschied: *430 m.*

Konditionelle Anforderungen: *mittel.*

Anschlußtouren: *In Roßla Tour 30, zwischen Morungen und Horla Tour 13.*

Karte: *ADFC-Radtourenkarte, 1:150.000, Blatt 12 Harz/Leinetal oder Freizeitkarte »Der ganze Harz« mit Radwegen, 1:50.000.*

Ein launenhafter Karstsee

Wer sich vom Periodischen See am Nordfuß des bewaldeten Höhenzugs Hoher Kopf südwestlich von Agnesdorf einen idyllischen Waldsee erwartet und voller Enttäuschung vergeblich nach dem Wasserspiegel Ausschau hält, sollte nicht gleich an der Zuverlässigkeit seiner Landkarte zweifeln. Der Name des Sees, auch Hungersee genannt, deutet schon auf die Launenhaftigkeit des Gewässers hin: mal ist er da, mal nicht. Geologen bezeichnen diese Art von Karstgewässer als Polje. Seine Entstehung hat der rätselhafte See vor der hohen Gipssteilwand dem Einsturz ausgedehnter unterirdischer Hohlräume infolge flächenhafter Kalklösung zu verdanken.

Der vom Harzrand herströmende Glasebach versinkt in einem Ponor, einem Schluckloch des Gipsgesteins, und sucht sich seinen Weiterweg in der Unterwelt. Von diesen Ponoren finden sich gleich mehrere am Rande des Sees. Wenn bei Hochwasser die Ponore nicht ausreichen, um alles Wasser abzuleiten, entsteht ein Stau. Sind die Schlucklöcher beispielsweise mit Erdmaterial oder Baumlaub gefüllt, bleibt dieser über einen längeren Zeitraum erhalten. Die Steilwand hinter dem See verlagert sich allmählich durch die ständige Lösung des abgespaltenen Gipsgesteins am Wandfuß.

Die Bezeichnung »periodisch« ist allerdings etwas irreführend, da sich der See nicht in gleichen Zeitabständen auffüllt. Ein Teil des abfließenden Wassers benützt, erwiesen durch Färbversuche, einen uralten Bergbaustollen, der in einer Höhle unter dem Periodischen See endet. Dieser entwässert unter dem Hohen Kopf hindurch und entsendet das Seewasser nördlich Roßla wieder ans Tageslicht. Ein anderer Teil des Abflusses taucht im Nassetal bei Wickerode wieder auf.

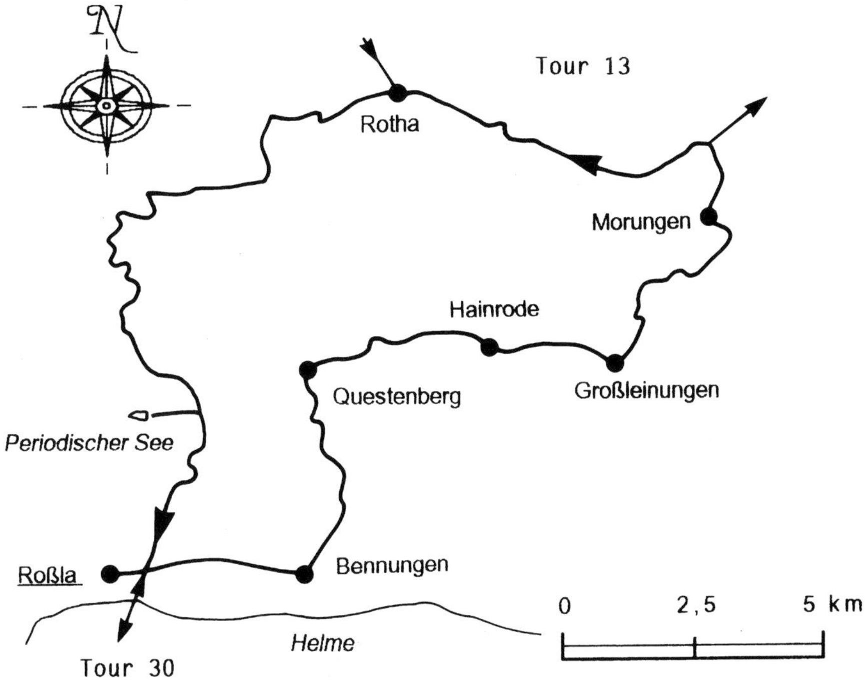

Wir verlassen das außergewöhnlich gelegene Dörfchen beim Gasthof »Zur Thüringer Schweiz«, den versteckten Wegweiser »Hainrode« beachtend. Ein Natursträßchen leitet uns mäßig steil bergan, an der Haselborn- und Dinsterbachschwinde entlang, in einen einsamen Winkel. Erläuterungstafeln machen den Naturfreund auf diese geologische Besonderheiten aufmerksam.
Die rechts der Route liegende Dinsterbachschwinde beispielsweise ist mittels eines kleinen Spaziergangs zu erreichen. Sie liegt jenseits der Erdfälle gegenüber den Obstwiesen unter einer Gipswand im Wald versteckt. Es handelt sich hierbei um eines der bedeutendsten Schlucklöcher des südlichen Harzes. Der vom Hohen Kopf (nicht zu verwechseln mit dem gleichnamigen Bergzug bei Agnesdorf) zufließende Dinsterbach wird hier von dem gefräßigen Ponor verschluckt und einer Gipshöhle zugeleitet. Da die Bachschwinde durch nachstürzende Gipsfelsen, die vom Wasser gelöst werden, immer wieder ihre Form verändert, sollte der Besucher sicherheitshalber einen respektablen Abstand zum Rand des Schlucklochs halten. An der Gabelung bei der Quelle Trippelborn

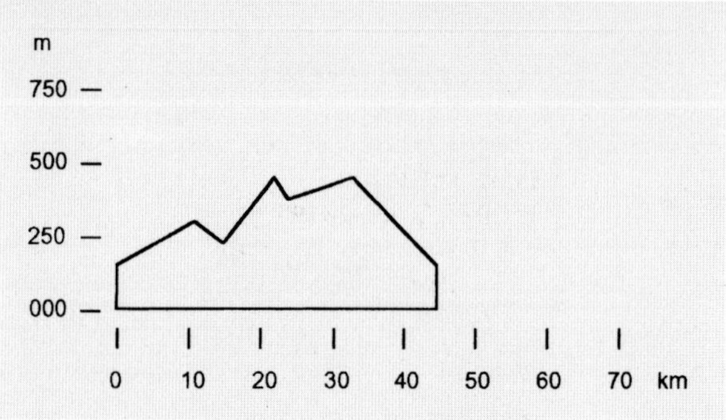

gemütlich bergab nach *Horla* und weiter nach *Rotha*.

Nach der Bachbrücke hinter der scharfen Kurve begeben wir uns links auf das Natursträßchen. Der abenteuerliche Pfützenkurs leitet uns in einem Rechts-links-Haken über die Felder und an den Höfen von Breitenbach vorbei. Anschließend biegen wir links in die Straße ein und genießen die Fahrt durch das verschwiegene Waldgebiet. Wo wir auf die Vorfahrtsstraße stoßen, folgen wir dieser Richtung Roßla und haben nun eine lange, begeisternde Abfahrtskurverei vor uns, am einsamen Glasebach entlang.

Auf den Talwiesen folgen wir weiterhin der Roßlaer Route, vor uns gut sichtbar die Kalkwand überm Periodischen See. Vom Waldeck führt der mit »Karstwanderweg, Bauerngraben« bezeichnete Feldweg an Erdfällen vorbei durchs Naturschutzgebiet zum wildromantisch gelegenen See mit seinen zwei Seitenarmen und den stattlichen, alten Eichen. Der Wald dorthin ist erfüllt von einem vielstimmigen Vogelkonzert. Imponierend zeigt sich von der Nähe die Steilwand. Ein herrlich verträumter

kutschieren wir über den Dinsterbach und schaukeln bald darauf von dem einzelnen Anwesen auf einem witzigen Wasserlachenkurs nach *Hainrode*. Dort lassen wir unsere Untersätze auf der Hauptstraße leicht bergab ins benachbarte Dorf *Großleinungen* rollen. Links bergan, an der Leine entlang durch das waldeingefaßte Wiesentälchen nach *Morungen*, müssen wir wieder stärker in die Pedale treten. Im Naturschutzgebiet Mooskammer südlich unserer Route gibt es einige Uvalas, Seitentälchen, in denen sich mehrere Dolinen aneinanderreihen. Kleine Halden zeugen vom einstigen Kupferschieferabbau.

In dem abgelegenen Dörfchen mit dem kleinen Schloß halten wir uns links bergan. Am Ortsende weist uns die Wander-Beschilderung »Knüllweg« auf ein anstrengendes Natursträßchen durch den Mischwald empor. Oberhalb schwenken wir links in die Vorfahrtsstraße ein und radeln über die Waldkuppe

Badeplatz mit überraschend klarem Wasser, fast wie im Paradies. Der feuchte Weg eignet sich nicht fürs Fahrrad.
Zurück auf der Straße, haben wir einen kurzen Aufschwung mit Blick zum Kyffhäusergebirge zu überwinden, bevor die Drahtesel zurück nach *Roßla* gleiten.

TIPS

Auskunft:

- *Gemeindeverwaltung Questenberg/Agnesdorf Dorfstraße 47 06536 Questenberg Tel. (034651) 2553*

- *Gemeindeverwaltung Morungen Dorfstraße 7 06528 Morungen Tel. (03464) 3655*

Anfahrt:
Roßla ist mit der Bahn erreichbar.

Aktivitäten:
Bademöglichkeit am einsamen Periodischen See südwestlich von Agnesdorf.

Veranstaltungen:
Questenberger Heimatfest.

Sehenswert:
- *Roßla: Klassizistisches Schloß; ehemalige Rentkammer.*
- *Questenberg: Burgruine; gekrönter, hölzerner Roland in der Ortsmitte; Queste am Questenstein, am westlichen Ortsrand; Haselborn- und Dinsterbachschwinde (Schlucklöcher) östlich des Dorfes.*
- *Naturschutzgebiet Mooskammer mit vielen Dolinen, südlich Morungen.*
- *Periodischer See südwestlich von Agnesdorf.*

Tour 30: Geheimnisvoller Kyffhäuser

INFOS

Charakter: *Unterschiedlich schwere und ausgedehnte Erlebnisrunde im südöstlich des Unterharzes vorgelagerten Kyffhäusergebirge mit bedeutenden Höhepunkten. Teils verkehrsarme Nebenstraßen, teils auch vom motorisierten Ausflugsverkehr beliebte Touristenstraßen; eine längere anstrengende Auffahrt; kurvenreiche Traumabfahrt!*

Länge: *63 km.*

Fahrzeit: *5 Stunden.*

Ausgangspunkt: *Bad Frankenhausen, am Südrand des Kyffhäusers.*

Höhe des Ausgangspunktes: *130 m.*

Routenverlauf: *Bad Frankenhausen – Rottleben (6 km) – Kyffhäuser-Denkmal (13 km) – Kelbra (7 km) – Roßla (3 km) – Tilleda (8 km) – Riethnordhausen (7 km) – Ichstedt (6 km) – Esperstedt (6 km) – Bad Frankenhausen (7 km).*

Höchster Punkt: *473 m.*

Höhenunterschied: *480 m.*

Konditionelle Anforderungen: *mittel.*

Anschlußtouren: *In Kelbra Tour 28, in Roßla Tour 29.*

Karte: *ADFC-Radtourenkarte, 1:150.000, Blatt 12 Harz/Leinetal.*

Vom Bahnhof in *Bad Frankenhausen* radeln wir hinein in die Kurstadt und halten uns Richtung Kelbra, Sondershausen. Durch eine breite Talaue mit Getreidefeldern geht's nach *Rottleben*. An Karsthängen vorbei kommen wir bald darauf zur berühmten Barbarossahöhle. Durch einen künstlich geschaffenen Eingang gelangt man in das geräumige aber auffallend flache Gewölbesystem dieser viel besuchten Schauhöhle, einer der größten europäischen Gipshöhlen. Über der Höhle mit ihren

bizarren Gesteinsformationen stand einst die Falkenburg, von der noch ein paar Reste übriggeblieben sind. Diese hat der Höhle ihren ursprünglichen Namen gegeben: Falkenburger Höhle.
Entdeckt wurde die Gipshöhle, als man im Jahre 1860 unterhalb der Falkenburg einen Stollen für den Kupferschieferbergbau in den Berg vorgetrieben hatte. Der Zusammenhang mit Kaiser Barbarossa beruht auf keinerlei geschichtlichem Hintergrund, sondern ist der Willkür von geschäftstüchtigen Werbefachleuten zu verdanken.
Die Gesamtlänge der Höhle beläuft sich auf 800 m; rund drei Viertel davon sind für Besucher zugänglich. Durch einen langen Eingangsstollen kommt man zum »Empfangssaal« und über das »Felsenmeer« mit See in die »Kristallkammer«. Zurück im »Empfangssaal« geht's in die andere Richtung zur abermals seengeschmückten »Neptunsgrotte«. Anschließend teilt sich die Route im »Tanzsaal«. Ein Weg führt über die »Gerberei« in den »Wolkenhimmel«, der andere über den »Olymp« und den »Grottensee« zum »Dom«.
Anschließend folgen wir durch das Tal mit den reizvollen, verkarsteten und felsdurchsetzten Hängen weiter der Straße zum Kyffhäuser.
Bald treibt uns eine längere Mischwaldsteige unvermeidlich den Schweiß auf die Stirn. Vom Weiler *Rathsfeld* pedalieren wir jedoch schon wieder gemütlich über die Waldeshöhen zum *Kyffhäuser-Denkmal*, zuletzt sogar sanft talwärts. Kurz vorher bietet sich der kurze Abstecher zum Fernsehturm an. Von der 85 m hohen Aussichtsplattform des Turms auf dem 473 m hoch gelegenen Kulpenberg, dem höchsten Punkt unserer Rundfahrt, genießt man eine weitreichende Ausschau.
300 m überragen die grünen, aussichtsreichen Mischwaldhöhen des reizvollen und geschichtsträchtigen Kyffhäusergebirges das Agrarland der Goldenen Aue. Die der Unstrut zuströmende Helme entwässert dieses uralte Kulturland, das den Kyffhäuser vom Unterharz trennt.
Tief drin im Bauch des Gebirges sollen der Kaisersage nach der Rotbart, Kaiser Friedrich I. Barbarossa, und Kaiser Friedrich II., auf deren Rückkehr das deutsche Volk lange Jahre vergebens wartete, ihren Schlaf halten. Besonders angesichts der ruhmlosen Zeit nach den beiden geliebten Kaisern wollte Deutschland den Tod der

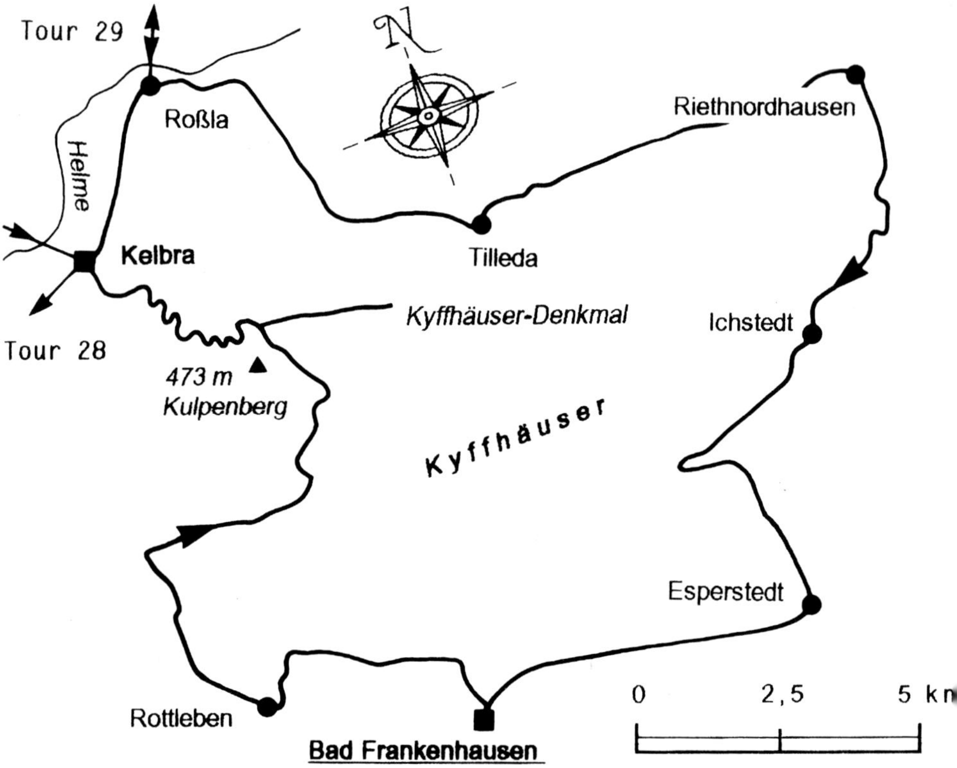

großen Regenten lange nicht fürwahr halten.

Im frühen 19. Jahrhundert wurde der Kyffhäuser zum Symbol für ein einiges Deutschland. Von der ehemaligen stattlichen Burg Kyffhausen aus dem 12. Jahrhundert sind noch Reste der Oberburg sowie die tiefer gelegene Unterburg erhalten. Das 57 m hohe Kyffhäuser-Denkmal ist Kaiser Wilhelm I. gewidmet.

Zurück an der Straßengabelung, erwartet Geschichtsfreunde auf

der Route Richtung Nordhausen noch der kleine Abzweig zur Burgruine Rothenstein. Von der ehemaligen Burg mit dem nebenstehenden Bismarckturm sind noch der Bergfried mit der alten Treppe sowie Reste vom Palas und der Burgkapelle erhalten.
Wir haben nun einen unvergeßlichen, 300 m hohen Abfahrtstraum vor uns liegen. Die rassigen Waldkehren hinunter nach *Kelbra* entlocken dem leidenschaftlichen Pedaleur einen Jauchzer nach dem anderen – ein Erlebnis wie auf einem kleinen Alpenpaß.
Wir lenken in dem bereits im Bundesland Sachsen-Anhalt gelegenen Städtchen Richtung Sangershausen und fahren über die Felder der Goldenen Aue hinüber nach *Roßla.*
Von der Gabelung kurz vor dem Dorfeingang kutschieren wir an der Engstelle zwischen Harz und Kyffhäusergebirge über leicht hügeliges Wiesenland nach *Sittendorf* und steuern an der Kreuzung direkt unter dem eben besuchten Denkmal, ausgedehnter Getreideanbau zu beiden Seiten, nach *Tilleda.*
Auf dem Pfingstberg bei Tilleda mit dem Freilichtmuseum der vormals hier vorhandenen Kaiserpfalz dehnte sich einst eine namhafte Ansiedlung aus. 233 Häuser hat man bei Ausgrabungen in der Vorburg entdeckt. Sogar eine Fußbodenheizung kam zum Vorschein.
Wir setzen unsere Fahrt übers weite Ackerland fort und kommen über *Hackpfüffel* nach *Riethnordhausen.* Richtung Ringleben schwenkt unser Kurs nun südlich ab, hinüber nach *Borxleben,* und führt uns somit wieder zurück nach Thüringen. Der flache Spazierkurs setzt sich noch fort über *Ichstedt* nach *Udersleben.* Dort verlangt

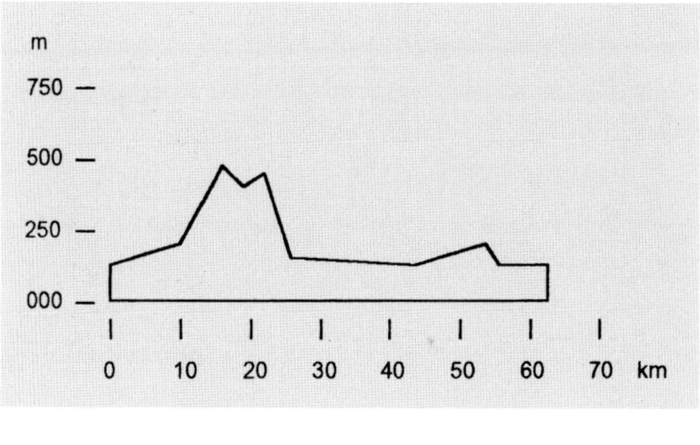

TIPS

Auskunft:

- *Kyffhäuser Fremdenverkehrsverband
Anger 14
06567 Bad Frankenhausen
Tel. (034671) 3037, 3186*

- *Stadtverwaltung Kelbra
Lange Straße 8
06537 Kelbra
Tel. (034651) 6206*

Anfahrt:
Bad Frankenhausen ist mit der Bahn erreichbar.

Aktivitäten:
Bootfahren auf der Talsperre Kelbra.

Veranstaltungen:
Kyffhäuserberglauf im April, Fliederfest im Mai und historischer Bauernmarkt im September in Bad Frankenhausen. Kyffhäuser-Rundflüge in Udersleben.

Sehenswert:

- *Bad Frankenhausen: Heimatmuseum im Barockschloß; Werner Tübkes Panoramabild »Frühbürgerliche Revolution in Deutschland« (125 m lang und 14 m hoch, mit 3000 Figuren) vom Bauernkrieg auf dem Schlachtberg.*
- *Rottleben: Barbarossa-Schauhöhle.*
- *Kelbra mit Kyffhäuser: siehe Tour 28.*
- *Roßla: Klassizistisches Schloß; ehemalige Rentkammer.*
- *Tilleda: Freilichtmuseum mit Fundamentresten der Kaiserpfalz auf dem Pfingstberg.*

die Esperstedter Straße kurzzeitig einen kraftvolleren Antritt, bevor die Räder hinunter nach *Esperstedt* rauschen. Durch das breite Tal zurück nach *Bad Frankenhausen* schließt sich der Ring um das Kyffhäusergebirge mit einem beschaulichen Finale.

Ortsregister

Biker's Tourenführer

Gerhard Unterkofler
Schleswig-Holstein
Sieben Touren auf Wald-, Feld- und Deichwegen oder auf schmalen, wenig befahrenen Teerstraßen durch das nördlichste Bundesland – mit vielen Tips für unterwegs.
200 Seiten, 40 sw-Abb., 32 Farbabb., broschiert
DM/sFr 39,– / öS 304,–
Bestell-Nr. 50199

Herbert Mayr
Lüneburger Heide
Zehn der schönsten Touren durch die Heide wurden hier ausgewählt, mit genauen Angaben zu Routenverlauf, Fahrzeit, Sehenswürdigkeiten und vielen Ausflugszielen.
160 Seiten, 16 Farbabb., 10 Karten, broschiert
DM/sFr 32,– / öS 250,–
Bestell-Nr. 50223

Herbert Mayr, **Allgäu**
Über 30 familienfreundliche Touren durchs Allgäuer Alpenvorland.
192 Seiten, 15 Farbabbildungen, 61 Zeichnungen, broschiert
DM/sFr 29,80 / öS 221,––
Bestell-Nr. 50249

Ronald Gohl
Westalpen
120 Touren mit der ganzen Familie durch beliebte Urlaubsregionen zwischen dem Schweizer Kanton Graubünden und dem französischen Haute-Savoie – mit vielen Infos.
224 Seiten, 60 sw-Abb., 20 Farbabb., broschiert
DM/sFr 39,80 / öS 295,–
Bestell-Nr. 50248

Kurt Beckel
Tessin
Über 50 Trails, von Kurzstrecken bis Tagesetappen, werden genau beschrieben – mit Wegeskizzen, Höhendiagrammen und Hinweisen zu Sehenswürdigkeiten.
180 Seiten, 15 Farbabb., 100 Zeichn., broschiert
DM/sFr 29,80 / öS 221,–
Bestell-Nr. 50259

Stand Juli 1996 – Änderungen in Preis und Lieferfähigkeit vorbehalten

pietsch

DER VERLAG FÜR FAHRRAD-BÜCHER

Postfach 10 37 43
70032 Stuttgart
Telefon (0711) 2108065
Telefax (0711) 2108070